重庆市教育科学"十三五"规划20 U0461120
"幼儿'好习惯'养成教育的实践研究"

好习惯 好人生

重庆市九龙坡区谢家湾幼儿园文化育人思考与探索

陶 燕 李云竹 主编

重庆大学出版社

图书在版编目（CIP）数据

好习惯　好人生：重庆市九龙坡区谢家湾幼儿园文化
育人思考与探索／陶燕，李云竹主编．--重庆：重
庆大学出版社，2019.12
ISBN 978-7-5689-1967-8

Ⅰ．①好…　Ⅱ．①陶…②李…　Ⅲ．①习惯性—能力
培养—学前教育—教学参考资料　Ⅳ．①G613.3

中国版本图书馆CIP数据核字（2019）第285651号

好习惯　好人生
HAO XIGUAN　HAO RENSHENG
——重庆市九龙坡区谢家湾幼儿园文化育人思考与探索
—CHONGQING SHI JIULONGPO QU XIEJIAWAN YOUERYUAN WENHUA YUREN SIKAO YU TANSUO

陶　燕　李云竹　主编
策划编辑：范　琪
特约编辑：何　敏
责任编辑：文　鹏　　版式设计：范　琪
责任校对：万清菊　　责任印制：张　策

＊

重庆大学出版社出版发行
出版人：饶帮华
社址：重庆市沙坪坝区大学城西路21号
邮编：401331
电话：（023）88617190　88617185（中小学）
传真：（023）88617186　88617166
网址：http://www.cqup.com.cn
邮箱：fxk@cqup.com.cn（营销中心）
全国新华书店经销
重庆共创印务有限公司印刷

＊

开本：720mm×960mm　1/16　印张：10.25　字数：150千
2019年12月第1版　　2019年12月第1次印刷
ISBN 978-7-5689-1967-8　定价：48.00元

编 委 会

好习惯　好人生

九龙坡区谢家湾幼儿园

好习惯、好人生　奏响幼儿幸福成长的"三部曲"

图说

第一曲：文化
开放眼界　创设爱与文明的特色之园

文化，始终把孩子健康快乐成长作为一切工作的出发点和归宿，从环境文化、课程文化、幼儿文化、教师文化等方面架构起独有的特色文化。

在创新班级、营造活动区布置的基础上，还创设了儿童游泳、开心乐园、科学探究室、生活按摩维修室、木工坊、陶艺坊、扎稻坊、棋艺室等功能室，还将多维度、多元化的成长空间，为幼儿一系发展营造了基础舞台。

第二曲：课程
自主选课　创新助力幼儿个性发展

第三曲：衔接
扩宽平台　幼小协同形成育人合力

题赠：谢家湾幼儿园办园理念

好习惯 好人生

2019.5.25

走好文化育幼之路

——寄语谢家湾幼儿园的希望

重庆市九龙坡区谢家湾幼儿园的文化育幼,多年来注重的是传承中华文化,实践的是爱的文明。从传承的角度讲,谢家湾幼儿园把对于幼儿的文明礼仪教育,幼儿的一日好习惯的培养作为办园的教育着力点。从实践爱的文明方面讲,谢家湾幼儿园的办园理念充分体现爱对于幼儿身心健康的教育作用,爱在幼儿成长过程中的温暖效应。同时,更是从幼儿教育的家园共育、幼小衔接活动开展上,努力为幼儿未来发展奠定了厚重的基础。

因为工作关系我在九龙坡区谢家湾幼儿园主讲过园本文化讲座,同时因为我多年收集整理了很多关于学校文化建设的案例,所以对于幼儿园文化建设的重要性有深刻的理解。总体来讲,学校是文化事业单位,学校的教育要重视校园文化的建设。一方面文化是知识的传承,是人类社会特有的物质与精神财富。用文化育人,就是把知识融入人的教育中,把人类的物质与精神财富转化为教育的内容。另一方面学校文化是一个丰富的体系。大体上学校文化可以划分为环境文化、课程文化、制度文化与行为文化等。谢家湾幼儿园的环境文化有平面的建设,也有立体的思考,立足于幼儿的身心健康;谢家湾幼儿园的课程文化,是"3S"小公民课程,会学习、会运动、会生活,既符合幼儿的成长需要,也是幼儿素质教育的具体实践;谢家湾幼儿园的制度文化,总体上引进了"6S"管理的原理与方法,同时结合园本管理的细则,建立自己的评价管理制度;谢家湾幼儿园的行为文化,侧重幼儿参与社会实践,辅以教师的教研、科研文化。

《好习惯 好人生》一书集谢家湾幼儿园近年来承担的课题研究成果

和园本课程建设的内容。我所了解的主要有三个方面：一是幼儿园对于幼儿好习惯的重视，有 30 种好习惯的细化和具体培养内容。不能说孩子在幼儿园接受教育期间所有好习惯都能得到很好的培养，但谢家湾小学努力的方向与做法是值得肯定的。二是关于幼儿园"3S"小公民课程的建设，是基于服务于幼儿，发展于幼儿，是幼儿素质教育的科学认识与科学实践。三是幼儿园的教师队伍建设，作为公办幼儿园，整体上教师素质比较高，教师团队合作意识强，教师文化有特色。

我阅读《好习惯　好人生》一书后，除了肯定其积极、主动发展的影响，并认同其主要的观点"爱的文明温暖世界"外，更多的是想寄于三点希望：一是希望谢家湾幼儿园对于好习惯的培养要有更多的理性思考，要从与时俱进的要求上更科学、更有时代性地认识幼儿好习惯，因为人的好习惯是不断变化的，也可以说有时代发展的影响。如会学习的好习惯，今天的学习强调主动性，强调网络化，自然与过去的学习有所不同。二是希望谢家湾幼儿园对于爱的文明、爱的温暖要有比较系统的阐述，要以文化育人的内容、方法、结构、评价等方面具体落实。三是希望谢家湾幼儿园在新的起点上，寻求新的改革发展创新点，充分利用"互联网+"的育人环境，建立智慧灵性的课程。

最后祝谢家湾幼儿园保持"好习惯　好人生"理念与实践追求，获得最佳的幼儿教育效果，成为重庆市乃至全国幼儿教育的一个好样板。

李继星

2019 年 5 月于北京

让爱的文明温暖世界

重庆市九龙坡区谢家湾幼儿园创建于 2005 年，是原谢家湾小学附属幼儿园，重庆市一级幼儿园、重庆市九龙坡区示范园、重庆市九龙坡区平安校园、重庆市九龙坡区卫生保健先进单位等。2014 年，幼儿园从谢家湾小学剥离，成为教委直属公办园。全园拥有 56 名教职员工，分小、中、大 12 个教学班，在园幼儿 380 余人。

幼儿园在传承谢家湾小学刘希娅校长提出的"六年影响一生"理念的基础上，进一步凝练出了"好习惯 好人生"的办园理念，把"让爱的文明温暖世界"作为幼儿教育的追求愿景，深入践行"让智慧的灵性实现美好未来"的主题文化。幼儿园提出了"做中玩 玩生慧"的课程理念，全面实施"3S"小公民课程体系，致力于培养会运动（Sport）、会学习（Study）、会生活（Survival）的小公民。

谢家湾幼儿园追求"让爱的文明温暖世界"的育人愿景。首先是把对于幼儿的爱立足于幼儿的终身发展，注重培养幼儿的文明习惯。从幼儿的"我与自己""我与他人""我与社会"三大领域着手，在孩子成长的三年中逐步培养孩子的好习惯。其次是坚持做好幼小衔接的实践研究。在园长的引领下，市区级骨干教师带头成立《幼儿"好习惯"养成教育的实践研究》《开展幼儿"好习惯"养成教育，促进办园品质提升》《开发利用本土资源，促进幼小衔接》《户外早操活动生态化的课程实践研究》《幼儿园幼小衔接的实践研究》等课题研究组。在课题研究中衍生了"拼玩"游戏的实践与探索,在全园老师的努力下,谢家湾幼儿园自主开发了"拼玩"游戏系列课程。最后是幼儿园用爱的文明课程建设提炼了"3S"小公民课程。丰富和完善幼儿认知、幼儿的情感世界,促进幼儿对于自然和社会真、善、美的认知发展,形成爱运动、爱学习、爱生活的情感世界。

谢家湾幼儿园"让智慧的灵性实现美好未来"的主题文化,始终把孩子健康快乐地成长作为一切工作的出发点,从环境文化、管理文化、课程文化、教师文化、幼儿文化几方面开展文化育人。第一,幼儿园拥有一支专业、真诚、阳光的教师团队,长期致力于学前3~6岁孩子的好习惯培养和好性格塑造的幼儿教育实践,多名教师参加国家级、市级、区级各类比赛均获一、二等奖。第二,根据国家颁布的《3~6岁儿童发展指南》的指导,幼儿园开设了国家规定的五大领域课程,并在此基础上延伸了适合每个幼儿发展的个性课程,在每周二、三、四下午开展。第三,用智慧灵性的拓展课程建设,如坊课程、小军人课程和"拼玩"游戏课程,促进儿童全面发展。

谢家湾幼儿园《好习惯 好人生》成果的出版,是因为幼儿园育人质量在重庆市九龙坡区社会民意调查中连续五年荣获办学综合目标考核一等奖;是因为其市级课题研究成果较为丰富,以及对于幼儿良好行为习惯培养的园本课程《幼儿好习惯培养追踪手册》,在家园共育建设上取得显著成效,促进幼儿园形成了自身的育人特色。

全园将不断地改善硬件设施,以"科学、童趣、开放"为主题建设好环境文化;将进一步深化课程改革,以"做中玩 玩生慧"课程理念做好"3S"小公民课程文化为主题建设好课程文化;将全面实施幼儿素质教育,以"爱的文明、智慧的灵性教育"为发展的愿景,办人民满意的学前教育,在重庆市乃至全国成为具有深远影响的幼儿园。

编 者

2019 年 1 月

目　录

第一篇　好习惯　好人生

理念篇

　　幼儿教育是基础教育中的基础,同时更是决定人生发展高度的重要阶段的教育。好习惯成就好人生,好人生源于幼儿好习惯,这是谢家湾幼儿园建园以来坚持的理念,也是幼儿教育追求的目标。《好习惯　好人生》主要是谢家湾幼儿园幼儿教育的内容、实践活动的开展,以及初步取得的研究成果汇编。本篇是其中的理性认识与概述篇,重点从"好习惯　好人生"的界定与理解、理论与实践两个大的方面进行表述。

理念篇（一）
"好习惯 好人生"界定、理解、标识

　　孔子说："少成若天性，习惯成自然。"罗素说："人生幸福在于良好习惯的养成。"印度谚语说："播种一种行为，收获一种习惯；播种一种习惯，收获一种性格；播种一种性格，收获一种命运。"习惯决定命运，好习惯有益于人的一生。叶圣陶说："教育只是一句话，就是要养成良好的习惯。"因此，幼儿教育的第一铭刻警言就在于：培养好习惯，成就好人生。

一、"好习惯 好人生"的理论界定

　　培根说过："习惯是人生的主宰，人们应该努力地追求好习惯。"俗话说：罗马不是一天建成。因此，好习惯也不是一天能养成的。从小培养孩子的好习惯，可以为孩子的健康成长、人生发展打下坚实的基础。俄国教育家乌申斯基说："良好习惯乃是在神经系统中存入的道德资本，这个资本不断增值，而我们在一生中就会享受着它的利息。"可见，幼儿具备良好的行为习惯，就可作其终身发展，造就美好人生的基础。

　　1. 习惯

　　心理学认为：习惯是自动化了的反应倾向或活动模式和行为方式；习惯也是在一定时间内逐渐养成的，它与人后天条件反射系统的建立有密切的关系；习惯不仅是自动化了的动作或行为，还可以包括思维的、情感的内容，习惯可较好地满足人的各种需要。习惯对于人的成长，可能起到积极和消极的双重作用。好的习惯是人生发展的动力，推进人的科学发展与可持续发展，为好的人生打下坚实的基础；坏的习惯影响人的生

活与学习,对于人的成长,特别是对人的科学发展与可持续发展会形成障碍,延缓并阻碍人的发展,严重的时候会导致产生坏的人生。为此,习惯是人生发展的基础条件,具有后天性、自动性、稳定性和可变性。培养人的习惯是教育的重要责任,培养幼儿的好习惯,更是幼儿教育的重要目标。

2. 好习惯

好习惯指的是人的良好习惯,是能带给人学习、生活、工作好的效果的习惯。好习惯与好人生是密切联系在一起的,好习惯决定好人生,好习惯为幸福体验打下良好的基础。人的良好习惯可以表现为诸多方面,如生活中的良好习惯、学习中的良好习惯、社会交往中的良好习惯等。因此,培养人的良好习惯需要从很多具体的方面去培养。谢家湾幼儿园培养的好习惯是指符合当前社会规范和幼儿自身发展水平的,在生活卫生、道德品质和认知学习诸方面所表现出来的稳固自动化了的行为,是有规律的、有利于个人发展和社会文明的习惯。这种好习惯是通过有目的、有计划的练习而形成的,它可以使幼儿对社会生活有更好的适应行为。

3. 人生

人生是一个人生命的全过程,人生更是一个人成长与改变的发展内容。对于每个人而言,人生是丰富多彩的,人生更是需要立足于对于生命的尊重,对于生活的热爱,对于社会的认识、理解、参与并付出劳动的贡献。人生有适应与不适应的区分,适应生活就能为社会做出有益的贡献;不适应生活、工作、学习,相应的发展就会受到不良影响。

4. 好人生

好人生指的是人的一生中都能认真地面对真善美,都能在真善美的追求中生活、工作、学习、交往等。美好的人生人人都向往,人人都需要,然而什么是好人生,理解上则有不同差异。

——好人生是一个美好的记忆过程。人的一生有过诸多的经历,在每个人生的经历中,能够作为记忆保存下来,并带给自我和他人一种美好,一种真实,一种和善的人生,可以说是美好的人生经历。因此,好人生首先是人经历过的人生,是能够保存在记忆中的愉快、高兴、有利于身心健康的人生。

——好人生是指向成功的人生。人的一生有成功与失败,成功的时候,人们总是感受到成功带来的许多惊喜和意外的收获,因此,好人生是指向成功的人生。心理学研究人的需要表明:人有取得成功并有所作为的需要,充分利用人对于成功的追求需要,可以调动人的积极性,激励人去为了成功而努力工作、学习与生活。

——好人生是一种健康的心态所为。有一种说法是性格决定命运,心态决定成败,好人生,起点在于有好的心态。心态是指人的心理状态,如热情、耿直、勇于面对等。好的心态,是积极作为、健康愉快的心态;好的心态是一种与人为善,自我适应的心态;好的心态,是不断勉励好的行为,引导取得成功的心态。每天每时能够保持好的心情、好的思绪、好的行为状态,就是一种好人生。

——好人生是从小有好习惯养成的人生。习惯是行为的无意识化,同时习惯影响人的心态,决定人的行为价值取向。人的大多数习惯是在幼儿时期所形成的,幼儿时期是人的神经系统迅猛发展的时期,也是神经类型不断固化的时期。好习惯的培养,对于神经系统的良好发展,对于神经类型的固化有十分关键的教育影响作用。依据操作条件反射理论,幼儿教育的内容、活动的开展,都可以认为是操作条件反射的过程。

二、"好习惯 好人生"的科学理解

好习惯与好人生是一种多元关系。首先是好习惯从小开始养成,需要从幼儿的认知、幼儿的行为和幼儿的日常活动的安排上,重视好习惯的知识教育,重视好习惯的行为示范,加强幼儿课程与主题活动。而幼儿园的重要性也就在于能为幼儿好习惯的养成创造好的条件。其次是好习惯的培养是幼儿教育中幼儿园教师与家长,乃至整个社会各方面教育力量的合力教育。现在的幼儿教育都必须以幼儿为本,以幼儿的发展为本。以幼儿为本,就是要尊重幼儿的好习惯形成与完善的规律。幼儿的某方面好习惯形成具有早期性、关键性,如果能抓住这个特点进行培养,就会起到事半功倍的教育效果;以幼儿发展为本,是指幼儿的身心健康,幼儿的认知与行为习惯,幼儿的个性化与社会化,都是一个发展的过程,由量变到质变、低水平到高水平、简单到复杂的内在要求。最后,幼儿的未来是充满希望与美好的未来,幼儿的人生与现在的幼儿教育有十分密切的关系。可以说,幼儿教育是基础教育中的基础,有其自身的教育特点。如果说整体上基础教育需要强调素质教育,需要重视人的核心素养培养,则在幼儿时期应立足于幼儿的希望与美好,强调幼儿的素质教育,着力于核心素养的培养,为其好人生打下良好的基础。

1. 主要特点

幼儿教育培养的好习惯,具有幼儿时期的早期性、基础性、关键性、生活性等多方面的特点。

——早期性。幼儿教育是启蒙教育,也是最早形式的集体教育或是班组式的团体教育。幼儿教育的早期性,决定幼儿教育的内容与形式有早期选择、早期安排的原则;幼儿教育的早期性,更多的还在于先天与后天的结合紧密性,在于幼儿活动的早期基础性。

——基础性。人的教育离不开物质基础与心理基础,幼儿教育是人的教育中的基础的基础,一方面幼儿身体的发育性决定其基础的基础,大量的神经系统发育水平制约幼儿教育的内容与活动安排;另一方面是幼儿心理发展的基础性,从注意水平到记忆容量,再从动作思维发展到形象思维,都需要幼儿教育特别的关注,依据基础而确定活动的主题与目标。

——关键性。人的发展是有与动物、特别是高等动物行为相近的关键期。所谓关键期,是指人的某些心理与行为在一定时期具有发展的相对快捷、相对水平提高明显的时期。教育和环境条件如果针对这样的时期有效开展,就可能取得事半功倍的效果。培养幼儿的许多习惯,理论上讲,不能错过关键期,如果幼儿教育者没有关键期意识,不能针对幼儿发展的关键期培养好习惯,则可能会导致幼儿在某些方面的习惯形成,特别是好习惯形成的困难。

——生活性。人的教育本是源于生活,是为提高生活质量而服务的。幼儿教育本身是与幼儿生活经验、幼儿生活管理与引导分不开的,培养幼儿良好的生活习惯更是好习惯培养的重点与要求。因此,关注幼儿的生活,在生活中强化幼儿的某些好习惯,善于发现幼儿参与生活活动中的良好生活习惯的积极作用,是幼儿教育者的基本素质和能力。

不好意思,打扰一下

很高兴认识你

节约用水

上下楼梯靠右行走

2. 幼儿时期最需要的好习惯

幼儿期间的好习惯培养,众说纷纭,各类说法参差不齐,四分法、五分法、七分法和更多的划分法,一时间可以说是百家争鸣。由于好习惯与幼儿的好人生密切联系,要培养幼儿好习惯不仅是对于幼儿时期有好的行为效果,更重要的是要为其终身学习、终身发展打下良好的基础,因此我们选择最核心的好习惯——勤、谨、和、缓进行讨论。

——勤。勤是好习惯之基础,意指做人与做事都不偷懒,不走捷径,切切实实、勤勤恳恳地去做。俗话说:勤能补拙,也就是后天的勤奋能够弥补先天的不足与缺陷,也有的说法是笨鸟先飞。从小培养幼儿勤于用眼睛观察,勤于用手做事,勤于用脚走路,勤于提出问题等良好习惯,是幼儿教育的一个重要的基础性工作。谢家湾幼儿园的好习惯中,乐思善问应当是一种勤的好习惯。

——谨。谨是好习惯之重点,意指做人与做事都立足于谨慎,不粗心,不苟且。俗话说:小心驶得万年船。做任何事情都要小心谨慎,才能保持一定的成功局面,同时也泛指无论做什么事都要想得周全一点,把各方面不利因素和有利因素都要考虑到。从小培养幼儿的谨慎,让其做人与做事都有一种谨慎选择和谨慎的行为,对于幼儿的学习、生活以及好的人生有极为重要的影响。谢家湾幼儿园的讲规则守秩序就是一种谨的好习惯。

——和。和是好习惯之核心,意指做人与做事需要平和,需要平心静气地做人与做事。俗话说:和气生财,意指保持和的心态,能让不少的人和事情做得更好,能在平常的心态中创造出人生更多的价值。对于幼儿的好习惯培养,要立足于中华优秀的和文化,从小事上,从对人的交流态度上进行和的习惯教育。谢家湾幼儿园的诚信友善、文明礼仪等都是和的好习惯。

——缓。缓是好习惯之原型,意指采用一种不忙于下结论,不急于去对人和对事提出新的要求和标准。俗话说:忙人做不好事,是说人在忙忙碌碌的工作与生活中,容易因为忙而忽视细节,因为忙而出现错误,因为忙于下结论而产生了偏见。幼儿教育培养好习惯,要把缓字作为一个原型,注重在缓的行为习惯上下功夫。谢家湾幼儿园的制订计划、物归原处的习惯培养就是一种缓的好习惯。

3.幼儿"好习惯 好人生"培养的分析

好人生影响心态,决定成功。好习惯的养成有若干因素,但依据人的发展离不开遗传、环境、教育、自我学习与实践的四大因素,我们可以对好人生的问题进行充分的讨论。

——好人生的遗传因素。遗传是人生发展的物质基础,遗传基因决定人的物质质量。人的神经类型、人的生理机能、人的各类习惯培养的物质条件,都与人的遗传素质有密切关系。有的人天生反应灵敏,有的人天生智商、情商要高于他人,有的人从小就会有一种潜能指向某些专业性强的工作等,因此好人生是与好遗传基础有一定联系的。虽然不能说遗传决定人生,但科学的发展,人类社会的许多实践表明:遗传正在成为人们幸福、人们好心情、人的好行为决定中的一个不可忽视的因素。幼儿教育培养幼儿的好习惯,对于幼儿的遗传因素有时需要加以高度重视。如幼儿成长水平、幼儿活动的时间与内容的确定等,必须要以幼儿的语言、幼儿的体能、幼儿的动作水平作为参考。

——好人生的环境因素。环境意指人生的地理环境、学习环境、社会环境等多方面影响条件,行为主义主张环境决定人的人生,虽然说不完全正确,但环境的差异、环境的好坏,对于好人生的影响确实是很大的。环境资源是人生发展的重要而不可忽视的资源,好的环境资源,如好的家庭条件、好的教育条件、好的生活条件、好的人际关系环境等,是好人生的必要条件。现在的家庭教育走向、现在的幼儿园建设的总体要求,都是为幼儿的好人生创造好的环境条件。深化教育改革、落实立德树人根本任务,需要幼儿教育有好的环境条件,有新的环境条件。

——好人生的教育因素。教育是一种文化的选择,更是一种育人的活动。教育的要素在于:尊重人的本性,运用好的育人方法,提高人的人生质量。好人生关键在于教育,好的教育奠定好的人生,而幼儿教育是人生的启蒙教育、早期教育、好习惯的教育,更在人生的发展中,在人生的质量提高中有着极为重要的影响。教育细化为家庭教育、学校教育、社会教育,三者合称为大教育,或是教育的整体化、综合化、社会化。因此,幼儿教育必然是大教育的一个组成部分,需要整体化、综合化、社会化,才能在幼儿的好习惯培养中,面向幼儿的好人生。

——好人生的自我学习与实践因素。自我学习与实践是好人生的内在决定因素,依据事物发展的外因通过内因而起作用的观点。同时从建构主义关于同化、内化、图式的研究成果上认识人的自我学习与实践因素。可以说人生的好坏,好人生的最终实现,好人生的内容与形式,都取决于人的自我认知、自我体验、自我实现。幼儿教育要培养幼儿的好习惯,面向幼儿的好人生发展,核心在于了解并提供幼儿的自我学习与实践机会,自我学习与实践的内容与形式。

三、"好习惯 好人生"的思路与标识

1. "好习惯 好人生"总体思路

在幼儿园"好习惯 好人生"办园理念的引领下,通过课题研究和课堂教学构建幼儿良好习惯养成体系,探索小、中、大三个学段幼儿良好习惯培养的策略及方法,开发出小、中、大三个学段良好习惯的养成手册,形成系列园本课程。具体实践中以 3 ~ 6 岁幼儿在"我与自己""我与他人""我与社会"三大领域 10 个方面 30 个好习惯点开展养成教育。通过教育活动规范、游戏生活养成、环境影响孕育、家园合作共育等方式培养幼儿的好习惯,提升教师的教育资源开发能力和课程执行力,提升幼儿园办园品质,扩大影响力。所谓养成教育,是指少年儿童的道德品质和行为习惯的养成和教育,也就是指一个人应具备的最基础的心理素质、思想素质,包括思维方式、道德品质、行为习惯、生存能力、健康体魄的培养和教育。

2. 文化内涵

办园理念:好习惯 好人生;办园文化:让智慧的灵性实现美好未来;办园愿景:让爱的文明温暖世界。最终让每一位幼儿成为会运动、会学习、会生活的小公民。全园从环境文化、管理文化、课程文化、教师文化和幼儿文化五个方面进行主题文化建设,呈现幼儿教育的文化育人氛围。让幼儿良好习惯的养成、阳光自信地成长、充满快乐地生活三个方面成长为谢家湾幼儿教育的文化特色。全园发展总目标:理念新、特色亮、团队

优、口碑佳的示范园。理念新：为了适应当前社会发展的需要，体现时代的精神，我园在"好习惯 好人生"办园理念基础上，需要不断审视、梳理、整合、提升已有的办园理念，进一步反思幼儿园的历史与现状、优势与劣势、机遇和挑战，不断丰富原有办园理念的内涵，使其与时俱进，并成为全园教职工为之奋斗的行动纲领。特色亮：进一步凸显我园"好习惯 好人生"的办园理念和"让爱的文明温暖世界"办园愿景。既促进幼儿全面和谐发展，又使每个幼儿的个性、潜能得到发挥；既促进教师全面成长和素养提升，又为每一位教师搭建展示自己特长与优势的平台，使其具有成就感；幼儿园的发展在追求各项工作全面、平衡的同时，还要保持我园独有的特色。团队优：依托"好习惯 好人生"建设，进一步加强教师专业共同体的构建，了解幼儿教师的教育行为现状，分析存在的问题及成因，开展系列园本研修活动，帮助教师专业成长；提高教师的理论水平，打造一支教学水平高，教研能力强的师资队伍；同时提高教师的整体素质和教学水平，促使教师在不断反思中得到发展，在发展中成长。口碑佳：充分发挥一级示范园的示范辐射功能，通过多种途径，让更多同行、家长、幼儿受益于我园的各类优质教育资源，进一步提升我园在重庆市乃至全国的知名度。

3."好习惯 好人生"重点标识

——园徽：园徽（见图）是谢家湾幼儿园爱的文明最突出的标志，同时更是幼儿园办园理念"好习惯 好人生"的一种外显图像，总体上对于幼儿教育立德树人任务的完成显示出一种"天地人的和谐，家园共育的统

一,以及让爱的文明温暖世界"的教育境界。

园徽的整体构建:自由欢歌的雏鸟、坚实的家园共育大地,彰显出天地人和谐的教育梦境。整个园徽设计色彩鲜明、线条流畅、图案美观、大气浑厚,体现出了较为先进的办园理念和较高的设计水平。

园徽的图形:图形设计特点之一为正圆形,正是谢家湾幼儿园家文化的体现,象征着幼儿园是一个圆满幸福、温馨和谐的大集体;圆形更是一种家园统一,教师、幼儿、家长融合一体的表象。图形设计特点之二为云彩漂浮,象征着幼儿教育的不同爱的文明,呈现出爱的力量来自不同的方面。图形设计特点之三为初生的鸟儿,三只小鸟寓意着在幼儿园度过三年快乐时光,两只小鸟象征着家园共育。

园徽的色调:园徽内部以黄、红、绿为主色调,黄色的底色寓意"活力、健康",红色寓意"热情、自信",绿色寓意"奉献、和谐";象征着幼儿天真、活泼、快乐、健康地成长。

园徽的表征意义:谢家湾幼儿园把园徽作为一种"让爱的文明温暖世界"的彰显方式,充分表达幼儿智慧灵性文化的内涵。

——园歌。谢家湾幼儿园的园歌是反映幼儿园精神面貌的重要标志,它集中体现了一个幼儿园的办园理念、办学特色、办园宗旨,是幼儿园优良园风的高度概括,是引领幼儿园发展方向的精神宣言;园歌犹如幼儿园的精神图腾,与园徽相得益彰。谢家湾幼儿园的园歌歌词有三层含义:一是小朋友早上离开了爸爸妈妈,到幼儿园与小伙伴友好地相处,愉快地学习,快乐地度过每一天;二是老师像父母般地对待幼儿,引导幼儿树立崇高的理想;三是幼儿园所有的活动开展都与其"好习惯"养成有密切的关系。

好习惯 好人生

作词：赵平 陶燕
作曲：睎昐

1=bB 2/4
♩=90

(3̲1̲ 5̲1̲ | 3̲5̲ 4̲1̲ | 6̲1̲ 4̲6̲ | 5̲2̲ 7̲5̲ | 6 7 | 1̲1̲1̲ 1̲0̲)

宝宝说：妈妈，妈妈，幼儿园到了啦，妈妈再见！妈妈说：看你乐的，听话们！宝宝再见！

3̲5̲ 5 | 6̲5̲ 5 | 1̲2̲ 3̲5̲ | 6· 3 | 5 — | 0 0 |

1. 小 云 彩 飘 呀 飘 一 朵 两 朵 高 呀 高
3. 小 云 彩 飘 呀 飘 一 朵 两 朵 高 呀 高

1̲̇6̲ 5 | 6̲5̲ 3 | 6̲5̲ 6̲5̲ | 1̲ 5̲3̲ | 2 — | 0 0 |

老 师 好 伙 伴 好 叔 叔 阿 姨 早 上 好
妈 妈 好 爸 爸 好 宝 宝 放 学 回 家 了

3̲3̲ | 2 — | 1̲ 5̲3̲ | 2 — | 3̲2̲3̲ | 5 — | 6̲3̲6̲ | 5 — |

暖 暖 的 小 燕 巢 暖 暖 的 小 燕 巢
暖 暖 的 小 燕 暖 暖 的 小 燕

1̲̇6̲ 5 | 6̲5̲ 3 | 6̲5̲ 3̲5̲ | 2̲ 3̲2̲ | 1 — | 1 0 |

我 来 到 幼 儿 园 幼 儿 园 里 多 么 好
好 习 惯 好 人 生 文 明 宝 宝 志 气 高

(3̲1̲ 5̲1̲ | 3̲5̲ 4̲1̲ | 6̲1̲ 4̲6̲ | 5̲2̲ 7̲5̲ | 6 7 | 1̲1̲1̲ 1̲0̲ |

‖: 3̲5̲ 5 | 6̲5̲ 5 | 1̲2̲ 3̲5̲ | 6· 3 | 5 — | 0 0 |

2. 诵：爱 伙 伴 有 礼 貌 健 康 成 长 乐 陶 陶
爱 家 园 爱 乐 园 快 乐 时 光 多 欢 笑

1̲̇6̲ 5 | 6̲5̲ 3 | 6̲5̲ 6̲5̲ | 1̲ 5̲3̲ | 2 — | 0 0 :‖

好 习 惯 好 人 生 幼 儿 园 里 阳 光 照
好 习 惯 好 人 生 幼 儿 园 里 阳 光 照

3̲3̲ | 2 — | 1̲ 5̲3̲ | 2 — | 3̲2̲3̲ | 5 — | 6̲3̲6̲ | 5 — |

唱：暖 暖 的 小 燕 巢 暖 暖 的 小 燕 巢

1̲̇6̲ 5 | 6̲5̲ 3 | 6̲5̲ 3̲5̲ | 2̲ 3̲2̲ | 1 — | 1 0 ‖

好 习 惯 好 人 生 我 是 文 明 好 宝 宝 D.C.

结束句

1̲̇6̲ 5 | 6̲5̲ 3 | 6̲5̲ 3̲5̲ | 6 5̲6̲ | 1̇ — | 1̇ — ‖

好 习 惯 好 人 生 文 明 宝 宝 志 气 高

孩子们：谢家湾幼儿园！我爱你！

12

理念篇(二)
"好习惯 好人生"理论与实践

革命导师恩格斯认为:一个民族要想站在世界的前列,就一刻也不能离开理性的思维。马克思也认为:人与动物的本质不同,是人有理性思维。中国传统优秀文化内涵中,强调人是世界上第一可宝贵的,在天地人三界中,人是中心与核心。毛泽东思想中,有人创造世界的思想。因此,谢家湾幼儿园的幼儿教育面向好人生培养幼儿的好习惯,首先需要有理论的指导。

一、"好习惯 好人生"的教育理论

1. 人本主义理论

人本主义是重视人的需要,强调用人的需要层次去调动和激励的行为,主张心理学必须从人的本性出发研究人的心理。人本主义强调人的尊严、价值、创造力和自我实现,把人的本性中自我实现归结为潜能的发挥。而潜能是一种类似本能的性质。人本主义强调爱、创造性、自我表现、自主性、责任心等心理品质和人格特征的培育,对现代教育产生了深远的影响。

2. 生活教育理论

人民教育家陶行知提出"生活即教育"和"教学做合一"的生活教育理论。该理论认为:教育是源于生活的教育,是通过生活进行的教育,是为了改造生活而进行的教育。强调学校教育要与社会生活、社会生产劳动相结合,要手脑并用,在劳力上劳心,学生的学习需要"去谋适合、谋创

造"。生活教育是基础性强、实践性强、针对性强的教育,幼儿教育的重要性、关键性也在于它是立足于幼儿生活的教育。

3. 操作条件理论

美国行为主义心理学家斯金纳20世纪30年代用操作活动的实验箱(斯金纳箱)测定动物完成压杆或按键活动的反应,得出动物的条件反应是一种 R→S 式的操作强化反应。由此,斯金纳提出人和动物有机体的两种习得性行为:一种是应答性行为,通过建立经典式条件反射的方式习得;另一种是操作性行为,通过操作式条件反射获得。操作条件理论运用到幼儿学习中,就是一种操作式学习的过程。

4. 认知学习理论

认知学习理论主张人是学习的主体,人的学习是主动学习,而学习本身是获取信息的过程,人对于外界信息的感知、注意、理解、重组的过程,就是一个学习的过程,学习的质量是对于信息的发现、同化、加工、重组的质量,学习水平的提高是学习力的提高。幼儿好习惯的培养,重点在于有好的学习力的培养。

5. 全面发展理论

全面发展理论是马克思主义关于人的全面发展思想的理论,主张人的发展是精神和身体、个体性和社会性都得到普遍的、充分而自由的发展。全面发展理论在不断的丰富过程中,现在成为教育理论的重要原理与方法理论,增进了科学发展、终身发展的理论含义后,全面发展理论是现代教育理论中,特别是幼儿教育理论中的重要基础性理论。

6. 新"三论"

建立在信息化社会基础上的信息论、控制论、系统论是科学技术理论中的旧三论,而建立在互联网时代的耗散结构论、协同论和突变论,则被人们称为科学技术理论中的新三论。教育改革与深化,要建立在科技是第一生产力的理论基础之上,要运用新三论的理论作为教育技术、教育改革的武器,充分重视其理论指导与实践操作引领的作用。

二、"好习惯 好人生"的实践设计

在世界顶级的科学家聚会中,一位诺贝尔奖获得者对记者的回答十分让人深思:一生中最重要的学习内容是在幼儿园时期学到的。幼儿园不是学习知识,不是完成重要的实验,更不是接受所谓的终生能力的教育,而是接受作用于一生的好习惯的培养。如何依据好习惯与好人生的主题,对幼儿教育进行设计,创建于2005年的谢家湾幼儿园以"好习惯 好人生"作为办园的理念,通过奏响文化建设、园本课程、幼小衔接的"三部曲",实现了幼儿园好习惯与好人生的幼儿教育设计。

1. 好习惯与好人生的园本文化建设设计

谢家湾幼儿园独立办园伊始,提出了"让爱的文明温暖世界"的办园愿景,努力创设爱与文明的特色之园。一是设计"好习惯 好人生"的文化墙,用吸管、毛线、羽毛球、棋子等30多种材料做成"好习惯 好人生"的触摸墙。二是始终把幼儿健康快乐地成长作为"好习惯 好人生"主题教育的出发点和归宿。从课程文化、制度文化、教师文化、家园共育文化、管理文化等方面去具体构建"好习惯 好人生"的独特园本文化。三是努力创设园本活动文化,开设阅读坊、厨艺坊、木工坊、陶泥坊、布艺坊等功能室,为"好习惯 好人生"的幼儿教育搭建多维度、多元化的活动舞台。

2. 好习惯与好人生的园本课程体系建设设计

幼儿教育是孩子成长的基础教育,同样需要深化园本课程体系的建设。在"好习惯 好人生"的办园理念的引领下,谢家湾幼儿园落实国家立德树人的根本任务,基于幼儿的终身发展,把"我与自己""我与他人""我与社会"三大领域作为幼儿"好习惯 好人生"园本课程建设的结构体系,根据幼儿未来发展需要的关键能力和核心经验,建构了健康、科学、社会、语言、艺术五大领域课程,"坊"课程、"拼玩"游戏课程、小军人课程、个性课程四类一体的"3S"小公民课程体系。"3S"小公民课程的培养目标是:培养会运动(Sport)、会学习(Study)、会生活(Survival)的小公民。课程建设的重要特征在于各类别相辅相成,突出学前教育致力追求的教育全面性和差异性、个性化与人性化,凸显课程的鲜活与生长,成为彰显幼儿特质的"3S"小公民园本化课程设置。开设的小主持人、英语、跆拳道、机器人、非洲鼓、尤克里里等近二十项园本课程内容,获得区内外幼儿教育者的好评。

3. 好习惯与好人生的幼小衔接课程设计

《幼儿园教育指导纲要》明确指出:"幼儿园应与家庭、社区密切合作,与小学相互衔接,综合利用各种教育资源,结合本园共同为幼儿的发展创造良好的条件。"幼儿园与小学阶段的学童具有不尽相同的身心发展特征,解决好幼儿教育与小学教育的衔接问题,对于促进人的可持续发展,提高教育质量都具有重要意义。谢家湾幼儿园把好习惯好人生的幼小衔接内容定位在课程整合、幼儿身心健康发展、入学前心理准备、良好习惯养成、丰富认知经验五个方面。确定了文明礼貌、专注坚持等 10 个幼儿成长的人生发展目标,并细化为 30 个培养点分三年达成。实践上一是携手谢家湾小学进行课程整合、教师互动、家园共育工作,开展幼儿参观小学、参加升旗仪式以及参加各种社会实践活动提升入学兴趣、规范行为习惯的活动;二是让更多家长在孩子升入小学时不再焦虑,让幼儿能够充满自信地向人生的快乐出发;通过家长课堂开展关于幼小衔接的专题讲座,领导家长正确认识,科学衔接;三是在园长的引领下,承担《幼儿"好习惯"养成教育的实践研究》《开发利用本土资源,促进幼小衔接》《幼儿园幼小衔接实践研究》《户外早操活动生态化的课程实践研究》等课题的研究,让科研成果支撑"好习惯 好人生"的主题教育活动内容。

第二篇　让智慧的灵性实现美好未来

文化篇

　　园本文化是幼儿园深化教育改革,提高育人质量,打造特色幼儿园的重要途径。谢家湾幼儿园的《好习惯　好人生》园本文化建设,主题是让智慧的灵性实现美好未来,内涵是关于幼儿灵性理解、灵性资源的开发利用,并由此培养出具有灵性儿童的园本文化建设。《好习惯　好人生》主要是幼儿教育的内容、实践活动的开展,以及初步取得的研究成果汇编,本篇是其中的核心篇——文化建设篇,主要从环境文化、管理文化、课程文化、教师文化、幼儿文化五个部分进行表述。

文化篇（一）
"好习惯 好人生"环境文化

谢家湾幼儿园占地面积898.1 m²,建筑面积4 551.14 m²,幼儿园高度重视环境文化对幼儿身心发展的影响,把环境育人作为幼儿园教育的重要组成部分,合理布局园舍、科学配置资源,使幼儿园环境发挥最大的育人功效。

一、营造幼儿园智慧灵性环境主题文化氛围

谢家湾幼儿园的环境按照幼儿园优质环境建设的要求,坚持"科学、童趣、开放"三个原则。科学重在依据幼儿灵性的理解——天性、天真、心灵手巧、智慧聪明;童趣则是依据幼儿个性化、生活化、玩中学的要求而设计、组织幼儿的灵性活动;开放更是将现代科技、家庭亲子、幼儿欣赏等各类活动同"好习惯 好人生"的培养结合起来。

智慧灵性文化环境主题。幼儿灵性的唤醒、启迪,和充分的展示,是谢家湾幼儿园开展灵性文化环境建设的主题。重点分为三大板块:唤醒板块、启迪板块、展示板块。唤醒板块的主题活动建设主要为:一是幼儿灵性文化墙的唤醒。一楼大厅设置展示用30多种材料制作而成的幼儿园办园理念"好习惯 好人生"触摸墙,让幼儿将心中的美好、个人的灵性呈现在墙上。如把世界各国的国旗贴在墙上,体现"让爱的文明温暖世界"的儿童教育愿景。二是幼儿园育人物质条件的改善。添置玩具柜、钢琴、电子白板、健全幼儿活动的功能室等,给幼儿灵性的唤醒提供良好的物质基础。启迪板块的主题活动建设主要为:科学体验活动与幼儿玩中学的活动。如二楼木工坊、陶泥坊、科技馆等,孩子们每周都会去玩、去探索,满足自己的兴趣与爱好。在各楼走廊的墙上,安装益智玩具,摆放幼儿活动的各类手工材料,并充分发挥各类功能室的作用,让孩子自由自在地动手动脑、亲自体验、探索、发现。展示板块的主题活动重点是幼儿劳动实践活动、表演活动与户外体育活动等。幼儿种植园、饲养角、戏水池、走廊和楼梯的墙面、五楼多功能厅、园内塑胶运动场等,都为幼儿群体与个体的展示活动提供了场所保障。

1. 地面文化

随着城市化进程的发展,一些有益儿童身心的传统游戏渐渐被遗忘,学生沉溺于电脑游戏、电视画面之中。谢家湾幼儿园重视园内地面环境文化的建设,一方面搜集相关儿童游戏,比如"跳房子""丢沙包""跳皮筋""打弹子"等,在地面上画好"跳房子"的格子、"丢沙包"的分界线等;另一方面,清理办公楼后面无人光顾的绿地,四分之三铺上人造草坪,供学生滚、爬以及部分体育活动项目的开展,提供

多样民间游戏材料,意图重拾传统,让儿童身心健康发展。

2. 墙壁文化

谢家湾幼儿园环境文化建设中,充分发挥园内墙壁文化环境的教育作用,幼儿园走廊与过道上悬挂的每一幅作品都来自孩子们的原创。老师和幼儿共同制作了世界各国的国旗贴在墙上,"让爱的文明温暖世界"是每个师生的共同愿望。在走廊的墙上,安装了一些益智玩具,比如走迷

宫,这样的玩具也深受幼儿喜欢,每次经过总会情不自禁地去玩耍。

3.设施文化

谢家湾幼儿园班级活动单元指标均为 4.40 ～ 5.30 m²/人,按照平均班额30 人的标准计算,幼儿园班级活动单元的面积为132～159 m²。谢家湾幼儿园房屋建筑设计规范、建筑结构合理,走廊、幼儿的出入门厅、楼梯、楼面、门窗、墙面、卫生间的设计均符合幼儿的年龄特点,厨房的设计和设备配置先进,安全卫生,为给幼儿提

供营养餐食做好了有力保障。幼儿与家长在步入幼儿园与班级前,映入眼帘的大多数是大厅、过道、门厅及其墙面等公共环境。小班幼儿年龄较小,考虑幼儿上下楼梯的安全问题,他们不便爬上三楼图书角,于是学校就在一楼大厅设置了“西西弗书店”,同时,这样也利于从小培养幼儿的阅读兴趣。此外,一楼大厅有一块展示幼儿园办园理念“好习惯 好人生”的触摸墙,这块触摸墙利用了 30 多种材料,是教师和幼儿一起齐心协力完成的。因为学校场地较大,之前一直用于开展幼儿园的大型体育活动,但是考虑到幼儿园没有自己的舞台,所以为了给每个孩子更好的展示机会,幼儿园将五楼改建成多功能厅,搭建了一个舞台,供孩子们日常表演。

二、突出幼儿主题实践活动环境文化建设

幼儿活动室是幼儿园环境文化的一个重要因素,为幼儿活动提供各种便利并促成师幼、幼儿间的合作与交往。谢家湾幼儿园从幼儿的需要、

教育的需要出发,关注普遍性原则,同时要考虑它的开放性、适宜性等特点,为幼儿设置了日常进行教育的班级活动室和具有园本特色的功能室。

1. 班级活动室文化环境建设

根据幼儿班级主题活动实践的需要,班级活动室文化环境建设突出教育活动主题,选取幼儿的主题探索活动以及日常生活中比较熟悉与喜爱的内容,用各种动物的、小朋友创作的造型等组合成主题墙。此

外,教师还根据各年龄段幼儿不同的需求在班级内设置了各个区角,比如:益智区、美工区、阅读区、建构区等。鼓励幼儿积极参与班级活动的环境设计与制作的全过程,幼儿从中体验设计与制作的快乐,享受成功的喜悦。

2. 多功能活动室的设置

谢家湾幼儿园注重幼儿的动手实践活动,开设有阅读坊、木工坊、陶泥坊、美工坊、厨艺坊、布衣坊等功能室,每个年龄段的孩子都可以去功能室体验适合自己的活动。

三、加强室外及园外环境文化建设的实践与反思

　　健康优美的园所环境有利于幼儿陶冶情操、美化心灵、激发灵感、启迪智慧。幼儿园自然环境中的一景一物，每一面墙壁，每个角落，都要散发出文化的气息。室外与园外环境是幼儿园精神文明建设的一个窗口，更是幼儿园环境文化建设成效的展示场所。谢家湾幼儿园由于自身建园条件的限制，园所户外活动场地有限，因此幼儿园的户外环境创设要充分利用空闲的角落与场地，做到合理布局、发挥功效。一是幼儿园一楼和三楼分别有小操场适合幼儿活动，根据幼儿户外活动要求，地面铺有环保、防滑的橡胶地面，满足孩子们正常进行体育活动的需求。

1. 户外环境文化建设园本特点

幼儿园还利用园内植被分布的环境特点,为幼儿构筑一座假山,设立"小山坡""树墩""石径"等充满野趣的环境,让幼儿在"山中"攀爬、捉迷藏、爬雪山、过草地等游戏,体验运动的快乐。老师们还在假山上绘制了长颈鹿、大象、熊猫等深受幼儿喜爱的各种动物图案,"动物园"也变成了孩子们最喜爱的一个景点。假山旁边是每个班的种植区,孩子们和老师一起播种、浇水,在享受自然的同时也体验到了收获的快乐。此外,幼儿园还购买了一些大型玩具,让幼儿在玩耍时开展荡、吊、悬空攀爬、平衡等活动。在摆放大型玩具的一侧放有可以拆装、拼搭、组合的长短不一的木梯、木凳、楼梯凳、木条、木块、梅花桩、呼啦圈等,以满足幼儿多种运动以及合作、探索的需要。

2. 户外环境文化建设的思考

一是增加书香氛围,设立幼儿读物与图片展示区,让"书香长廊"成为陶冶幼儿情操的场所;二是开放涂鸦天地,在园内的室外有选择地放置黑板,并提供幼儿粉笔,任其随心涂抹,每人的"作品"保留三天,以满足幼儿自创、自绘的欲望。

文化篇（二）
"好习惯　好人生"管理文化

　　管理是一门科学,幼儿园的管理更需要科学的知识与科学的方法。谢家湾幼儿园"好习惯　好人生"的园本文化建设,重在建立"6S"科学管理系统,旨在促进幼儿园科学发展与提档升级,管理文化建设的重点有三个方面:一是章程建设,注重管理的现代化、法制化、民主化;二是管理机制的建立,强调管理手段先进、管理决策民主和形式开放,以"6S"管理为主体;三是管理的有效和加强情感管理。

一、谢家湾幼儿园管理科学化中的章程建设

　　有法可依和有章可循,是依法治校的主要要求,也是学校开展素质教育,深化教育改革的必然选择。幼儿园章程作为基本纲领和行动准则,用以对幼儿园的性质、宗旨、任务、机构、人员构成、内部关系、职责范围、权利义务、活动规则、纪律措施等做出明确规定。谢家湾幼儿园管理科学化的一个重要标志就是于 2016 年 12 月 20 日经教职工大会讨论通过的《重庆市九龙坡区谢家湾幼儿园章程》。

1. 章程建设的总体情况

　　幼儿园章程是幼儿园内部的"宪法",串起园内各项制度,形成体系,为教育活动铺设起稳定的运行轨道。2010 年 7 月《国家中长期教育改革和发展规划纲要(2010—2020 年)》(以下简称《教育规划纲要》)从不同维度对学校章程建设提出了要求。谢家湾幼儿园为规范幼儿园内部管理体制和运行机制,推进幼儿园依法治园,建设现代化幼儿园制度,根据《中华

人民共和国教育法》《中华人民共和国教师法》《中华人民共和国未成年人保护法》《幼儿园管理条例》《幼儿园工作规程》《全面推进依法治校实施纲要》等有关法律法规,制定了幼儿园章程。该章程明确了谢家湾幼儿园是国家公办幼儿园,是重庆市一级幼儿园和九龙坡区示范园,重庆市九龙坡区先进集体、重庆市九龙坡区平安校园、重庆市九龙坡区家长学校、重庆市九龙坡区卫生保健先进单位等。

2.章程建设的重点内容

一是明确幼儿园在"好习惯 好人生"办园理念的引领下,将深入践行"让爱的文明温暖世界"的办园愿景,始终把孩子健康快乐地成长作为一切工作的出发点和归宿,从环境文化、管理文化、课程文化、教师文化、幼儿文化等方面文化育人。二是管理上推进幼儿园依法治园,建设现代化幼儿园,面向本区范围招生,办园规模:大、中、小三个年龄段 12 个班,班额以国家规定的标准执行。三是幼儿园文化建设上,确定的办园理念:好习惯 好人生;主题文化:让智慧的灵性实现美好未来;行为艺术:天天快乐 健康成长;愿景目标:让爱的文明温暖世界;教师文化:真诚 敬业 阳光 务实;办园目标:促进幼儿身体正常发育和机能的协调发展,增强体质,培养良好的生活习惯、卫生习惯和参加体育活动的兴趣。发展幼儿智力,培养正确运用感官和运用语言交往的基本能力,增进对环境的认识,培养有益的兴趣和求知欲望,培养初步的动手能力,使幼儿逐渐形成文明有礼、大胆表达、喜欢阅读、热爱科学的群体特质。四是管理机制上实行园长负责制,园长依法行使行政事务决策权、人事聘用决定权、财务基建审批权、教育教学管理权、奖惩评价权,以及教育行政部门、园务委员会授予的其他权利等主要职权。五是幼儿园成立以教师为主体的教职工(代表)大会,保障教职工参与本园的民主管理和监督,幼儿园设人事、后勤与安全、保教 3 个中层管理机构,分别承担相应的管理职能。六是幼儿园建立园务委员会,由园长、中层干部、工会主席、教师代表、财会及家长代表等组成。参与制定、审议幼儿园章程、发展规划、工作计划和其他规章制度等重大事项。七是幼儿园依法接受教育部门以及其他政府、审计等相关管理部门的监督,接受社会、家长的监督,定期听取社会各界对幼儿园工作的意见和建议。每年接受区教育督导室组织的年度办园水平综合考核评价。

二、"6S"科学管理机制的建立

当代管理科学发展中的"6S"管理模式,是对企业的精细化管理模式,谢家湾幼儿园也借用其模式进行管理。其主要要素是:整理(Seiri)、整顿(Seiton)、清扫(Seiso)、清洁(Seiketsu)、素养(Shitsuke)、安全(Security)六个要素。其管理精髓是:责任到人,人人有事管,事事有人管。其科学管理的内在机制是强化管理意识,用"三现"原则、"问题眼光"原则、"自主"原则建立起事事有管理、时时要管理、处处都管理的有序工作机制。

(一)什么是"6S"管理

"6S"管理,是规范现场、提升素养的简单有效的管理模式。

1S:整理,就是把工作环境中必要和非必要的物品区分开来,并且必要品只保存合适的数量,节约有效空间的技术。

2S:整顿,就是把必要的物品进行分类,根据使用频率确定放置的方法及位置,是节约时间的技术。

3S:清扫,通过对环境、设备、工具、设施的维护、点检和保养,使之保持良好的状态。清扫是保证品质和效率的一种技术。

4S:清洁,通过建立起规范化和制度化的标准,确保"3S"的成果和持之以恒。

5S:素养,全面提高员工的品质,彻底改变每个工作人员的精神面貌,这就是"6S"追求的最高境界。

6S:安全,从安全隐患着手,防止事故的发生。安全推动着前5个"S"运作。

"6S"看似简单的一个管理行为,实则涵盖了管理学、人体工程学、组织行为学、质量管理学等管理学科的理论精华,更有如视觉管理法、颜色管理法、故障地图法等系列方法来支持其运行。实施过程不但要求有持之以恒的决心,还需要全体员工的积极投入和配合,以真正落实"安全、优质、规范化、现代化"的精神。它不仅能带领团队走进一个全新的管理境界,也有利于员工的环境教育和行为习惯养成,最终使员工成为具有责任感的自我管理者。

(二)"6S"的自我诊断

①活动室日常凌乱,区域操作材料摆放不整齐。

②室内张贴幼儿作品没有规划,布置很乱。

③墙上的物品损坏、掉下来,没有进行及时修补、粘贴。

④书架上的书没有按类别区分摆放。

⑤墙角、办公桌上摆放物品多而不整齐,桌子底下、旁边经常放置一些闲杂物品。

⑥窗台上、钢琴上面经常凌乱摆放物品。

⑦电脑文件没有经常进行分类整理,无用文件也没有删除。

⑧班上几乎每天都丢东西,找回东西很难。

⑨员工自律性不高,幼儿行为习惯不好,常规管理很糟糕。

⑩班级三个老师分工不明确,不知道什么时候自己该做什么。

⑪储物间里各种废旧的教玩具摆放凌乱。

⑫室内通风不好,盥洗间经常有异味。

⑬每周五都进行卫生大检查,可卫生工作依然不能保持。面对上级部门的临时检查时,还需要动员全体人员进行大扫除。

⑭办公室壁柜不整洁,没有标示物品的分类。

⑮厕所地面经常拖得很湿。

(三)"6S"推行的目的和作用

①提高幼儿园品质。

②降低幼儿园办园成本。

③提高员工工作效率。

④减少幼儿园安全事故的发生。

⑤提高员工综合素质。

⑥提高家长对幼儿园的满意度。

（四）"6S"科学管理的内涵

整顿（Seiton）是把必要用品按规定位置摆放整齐并加以标识；目的：工作场所一目了然，减少寻找物品的时间，消除过多的积压物品，保持工作环境的整洁。清扫（Seiso）是将工作场所内看得见与看不见的地方清扫干净，保持工作场所干净、亮丽；目的：保持环境舒适、整洁。清洁（Seiketsu）是将整理、整顿、清扫进行到底，并且制度化，经常保持环境处在美观的状态；目的：创造明朗现场，维持"3S"成果。素养（Shitsuke）是每位成员养成良好的习惯，并按规则做事，培养积极主动的精神（也称习惯性）；目的：培养良好习惯、遵守规则的员工，培育团队精神。安全（Security）是重视成员安全教育，每时每刻保持安全第一的观念，防患于未然；目的：建立起安全生产的环境，所有的工作应建立在安全的前提下。

六个要素的内涵用简短语句来描述是：

①整理：要与不要，一留一弃；②整顿：科学布局，取用便捷；③清扫：清除垃圾，美化环境；④清洁：清洁环境，贯彻到底；⑤素养：形成制度，养成习惯；⑥安全：安全操作，以人为本。

（五）"6S"管理一日流程

1. 谢家湾幼儿园"6S"保教工作一日流程

具体内容	幼儿行为	教师操作基本要求	保育员操作要求
入园、晨检与晨间活动	1. 主动有礼貌地与老师、小朋友问好，与家长道别。 2. 整理衣物并叠放整齐。 3. 主动、有序、愉快地参加各类活动。	1. 提前到岗，做好岗前准备。 2. 检查班级环境安全，整理区角游戏材料。 3. 热情接待家长与幼儿，了解幼儿在家情况，听取家长意见，观察幼儿精神状态，进行入班晨检：一摸、二看、三问、四查。	1. 提前到岗，做好岗前准备。 2. 开窗通风，打扫室内卫生，保证地面、玩具柜、门窗干净整洁。

续表

具体内容	幼儿行为	教师操作基本要求	保育员操作要求
入园、晨检与晨间活动	4. 乐意参加晨间锻炼。	4. 引导幼儿参加相关活动（自选区角活动）。 5. 组织幼儿进行晨间锻炼。	3. 接待家长与幼儿，了解幼儿在家情况，听取家长意见，观察幼儿精神状态，配合教师进行入班晨检。 4. 备足幼儿饮用水，水温适宜。 5. 准备好餐巾纸、卫生纸，方便幼儿取用。 6. 准备餐具、用具等其他用品。
如厕盥洗	1. 根据自己的需求及时如厕，不在厕所嬉戏、玩耍、逗留。 2. 学习使用卫生纸、冲厕、整理衣裤等方法。 3. 便后洗手，有序盥洗，方法正确，不玩水。	1. 指导幼儿正确如厕，不得限制幼儿如厕次数；照顾幼儿解便，指导幼儿正确使用卫生纸，提醒或帮助幼儿整理好衣裤。 2. 指导幼儿正确盥洗（中小班教师帮助幼儿挽袖子），运用儿歌、图片等强化洗手方法。教育幼儿节约用水。指导幼儿辨认自己的毛巾。 3. 盥洗时间适当，不等待。 4. 及时发现拉裤、尿裤、溅湿衣服的幼儿，安排相关人员清洗、更换。 5. 对个别如厕、盥洗的幼儿予以关注。	1. 照顾幼儿解便，指导幼儿正确使用卫生纸，提醒或帮助幼儿整理好衣裤。 2. 指导幼儿自行冲厕，便后洗手。 3. 及时发现拉裤、尿裤、溅湿衣服的幼儿，以温和的态度为其清洗、更换。 4. 保持地面干燥，以免幼儿滑倒。 5. 对个别如厕的幼儿予以关注。
餐前准备及早餐	1. 中大班值日生协助老师分发餐具。	1. 营造良好、和谐愉快的氛围，不训斥、不处理问题。 2. 指导中大班值日生分发餐具。	1. 创设安全的进餐环境，饭菜温度适宜，位置摆放合理，盛放方式适当，防止烫伤。

续表

具体内容	幼儿行为	教师操作基本要求	保育员操作要求
餐前准备及早餐	2. 正确使用餐具,安静进餐;根据需要主动提出添加饭菜,细嚼慢咽;不挑食、偏食,不撒饭、剩饭。 3. 保持衣服、桌面、地面的干净与整洁,食物残渣不乱扔。 4. 餐后将餐具放到指定的位置,主动漱口、擦嘴、洗手。(小班在教师的提醒帮助下,将餐具放到指定位置。)	3. 组织幼儿随洗随吃,不等待;介绍饭菜名称及营养,丰富认知、增进食欲。 4. 巡视幼儿进餐情况,指导正确的用餐方法和用餐习惯(干稀搭配)。 5. 培养幼儿独立进餐的能力,对有特殊需要的幼儿提供帮助,不催促,进餐时间不少于30分钟。 6. 提醒幼儿饭后漱口、擦嘴、洗手。 7. 指导中大班幼儿收拾餐具、清理桌面。	2. 清洁桌面(执行卫生保健要求),指导值日生摆放餐具(小班由老师摆放)。 3. 先给吃饭慢的幼儿盛饭,少盛多添,指导正确的用餐方法和用餐习惯(干稀搭配)。 4. 培养幼儿独立进餐的能力,对有特殊需要的幼儿提供帮助,不催促,进餐时间不少于30分钟。 5. 幼儿进餐期间不打扫卫生。
餐后活动	1. 饭后自主有序地选择区域游戏,不做剧烈活动。 2. 主动与玩具、材料互动、与同伴交流,活动常规良好。 3. 爱惜玩具、图书,用后放回原处。	1. 引导幼儿参与各类自选活动。 2. 巡视、观察幼儿活动,及时提供支持、帮助和指导。	1. 餐后整理、清洗、消毒餐具、餐巾,整理桌面、地面,打扫班级卫生。 2. 送餐具,向厨房(或保健室)报幼儿实到人数。
课前准备	1. 根据需要如厕,便后洗手。 2. 按教师的要求摆放桌椅,安静入座。	1. 提醒幼儿如厕,稳定幼儿情绪。 2. 做好教学活动的相关准备(教具、学具,根据领域及学科特点设置场地、摆放桌椅等)。	1. 提醒幼儿课前如厕。 2. 保持水池、便池、地面卫生,做到洁净、无积水、无异味、无污物。 3. 活动前向教师了解所需配合事项,协助教师摆放材料,配合教学工作。

续表

具体内容	幼儿行为	教师操作基本要求	保育员操作要求
教育活动	主动参与学习活动,多种感官并用,遵守集体活动规则,乐于动手、动脑、动口。	1. 按教学进度有计划地组织教学活动。 2. 活动过程符合《纲要》《指南》精神,注重激发幼儿自主学习、主动学习。 3. 教学活动设计结构完整、重难点突出、自然流畅、教学方法灵活,突出学科特点。 (注:小班一节集体教育活动,其余为游戏活动。)	1. 做好配课工作,不做与教学无关的事。 2. 走动、说话声音要轻,不影响幼儿和教师活动。 3. 对个别需要帮助的幼儿进行适度指导。 4. 活动结束后帮助教师收拾、整理教具。
喝水 (吃点心)	1. 根据需要如厕、有序洗手,用自己的水杯按量喝水,不玩水、不洒水。 (小班幼儿由教师倒水。) 2. 安静地吃完点心,保持桌面、地面干净。 3. 自行收拾果皮、果核、包装纸袋等杂物,放到指定地方并洗手。	1. 组织幼儿有序如厕、洗手、喝水、吃点心。 2. 向幼儿介绍点心的名称、特点、营养价值,在吃点心的过程中培养幼儿良好习惯。 3. 上下午各组织一次集体喝水,并提醒幼儿随渴随喝。	1. 组织幼儿有序如厕、洗手、喝水、吃点心。 2. 保证班上有充足的温开水,上下午各组织一次集体喝水,并提醒幼儿随渴随喝。 3. 保持桌面、地面干燥洁净。
晨间区域体育活动及户外活动	1. 整理服装、系好鞋带,愉快地参加体育活动。 2. 有秩序地上下楼,不推挤、不打闹。 3. 做操队列整齐、精神饱满、有节奏、有力度(中大班幼儿会领操)。	1. 集中整队,清点人数,检查服装、鞋子并进行安全与规则教育。 2. 活动过程中,关注场地、设施、器械、幼儿行为的安全。 3. 镜面领操,动作准确到位、有力度(中大班指导幼儿领操),观察幼儿做操动作并随机指导。	1. 帮助老师进行户外活动的准备:集中整队,清点人数,检查服装、鞋子并进行安全与规则教育。 2. 带上毛巾、手纸,配合教师核对人数,整理队伍。

续表

具体内容	幼儿行为	教师操作基本要求	保育员操作要求
晨间区域体育活动及户外活动	4.熟悉并探究各种各类体育器械的玩法,动作灵活、协调。 5.遵守游戏规则,有自我保护意识,不追逐打闹、不做危险动作。 6.协助老师收拾整理体育器械(小班在教师的指导下完成)。 7.根据需要喝水、如厕、整理衣服。 8.能在较冷、较热的户外环境中坚持活动。	4.在自己的视线范围内组织各类活动,集体活动与自由活动相结合,确保每日2小时的户外体育活动。 5.能根据幼儿脸色、出汗、脉搏等情况及时调节活动内容和运动量。 6.根据天气变化、运动情况和个体需要,及时提醒幼儿增减衣服、饮水、擦汗。 7.发出信号组织集合,清点幼儿人数,指导幼儿收拾玩具器材,回班。	3.协助教师摆放、整理户外玩具,配合教师组织游戏,或者独立带领部分幼儿进行游戏。 4.保管幼儿衣物,及时为幼儿擦汗,提醒并帮助幼儿增减衣物。 5.活动后协助教师组织集合,清点人数,指导幼儿收拾玩具器材。 6.回班后照顾幼儿如厕、喝水,指导、帮助幼儿整理衣物。
午餐前准备午餐后散步	同早餐前准备及早餐要求相同。 另:等待参加餐后散步活动,不追逐、不推挤。	同早餐前准备及早餐要求相同。 另:待大部分幼儿用完午餐,组织饭后散步活动15分钟。	同早餐前准备及早餐要求相同。
午睡	1.如厕后,安静进入寝室。 2.会自己脱衣服、鞋子,并摆放整齐(小班在教师帮助下)。 3.会自己盖被子,睡觉姿势正确,不蒙头睡觉(小班在教师帮助、指导下完成)。	1.提醒幼儿如厕,营造安静舒适的睡眠环境。查看并确认幼儿衣裤兜里没有危险物品。 2.指导幼儿将衣物、鞋子放整齐(小班教师指导帮助幼儿脱衣服、鞋袜)。 3.清点幼儿人数,做好交接工作,并对出勤人数、健康、异常情况等记录清楚,提示接班人员注意观察,保证幼儿的安全。	1.餐后整理,清洗、消毒餐具、餐巾,清洁桌面、地面,打扫班级卫生。 2.与教师简单交流幼儿情况。

续表

具体内容	幼儿行为	教师操作基本要求	保育员操作要求
午睡		4. 不得坐卧幼儿床铺,严禁值班期间睡觉、脱岗、玩手机、聊天。 5. 加强巡视,及时发现、处理幼儿异常情况。 6. 指导帮助幼儿养成良好的睡眠习惯和正确的睡觉姿势,及时提醒个别幼儿如厕,防止尿床。	
起床、盥洗午点、喝水	1. 正确穿衣、穿鞋(小班在教师帮助下),中大班幼儿学习整理床铺、叠被子。 2. 有序如厕、盥洗,根据需要擦抹护肤品。 3. 中大班短发女孩学习自己梳头(盥洗、午点、喝水要求同前)。	1. 提前轻声叫醒幼儿,观察幼儿精神状态。 2. 指导幼儿穿衣服、鞋袜(中大班指导幼儿整理床铺、叠被子)。 3. 起床后,清点人数,确定寝室、床上、床下无幼儿。 4. 指导幼儿盥洗,及时帮助需要帮助的孩子。 5. 分发点心,组织幼儿集体喝水。 6. 提醒先吃完点心的幼儿自选区域活动。	1. 清洁桌面,准备点心。 2. 协助教师组织幼儿起床,检查幼儿服装,及时为需要帮助的幼儿提供帮助。 3. 起床后,清点人数,确定寝室、床上无幼儿。 4. 组织幼儿有序如厕、盥洗、涂抹护肤品。 5. 开窗通风,整理床铺,打扫卫生,清洗毛巾、水杯并消毒。
游戏活动	1. 乐于参与游戏活动,遵守游戏规则。 2. 与同伴友好游戏,愿意与他人分享游戏材料和经验。 3. 学习解决问题,克服困难,坚持游戏。	1. 根据幼儿年龄特点开展各类游戏活动,保证游戏时间。 2. 游戏材料数量充足、安全卫生、种类丰富、操作性强,能充分满足每个幼儿的需求;合理利用废旧材料。 3. 科学划分、合理利用活动空间,有助于幼儿游戏。 4. 观察幼儿游戏,支持与指导适时、适度。 5. 游戏结束后,评价游戏情况,收拾游戏材料。	1. 配合教师组织游戏,或独立带领部分幼儿进行游戏。 2. 游戏结束后,指导并和幼儿一起收拾、整理游戏材料。

续表

具体内容	幼儿行为	教师操作基本要求	保育员操作要求
户外活动	（与上午户外活动要求相同）	（与上午户外活动要求相同）	（与上午户外活动要求相同）
餐前准备及晚餐	（与早餐前准备及早餐要求相同）	（与早餐前准备及早餐要求相同）	（与早餐前准备及早餐要求相同）
离园活动	1. 晚饭后有序参与自选活动。 2. 独立收拾玩具及自己的物品。 3. 洗手、洗脸，整理仪表。 4. 感恩活动，正确使用礼貌用语，与老师、小朋友道别，愉快离园。	1. 幼儿进餐后，组织轻松愉快的自选活动。 2. 检查整理幼儿仪表，拥抱幼儿。 3. 根据需要进行个别谈话、交流。 4. 提醒幼儿整理收拾玩具。 5. "幼信通"交接幼儿，与家长简单交流幼儿当天情况。 6. 幼儿全部离园后，整理物品，关闭水电、门窗。	1. 餐后整理。打扫班级卫生、清倒垃圾。 2. 提醒、帮助幼儿整理仪表。 3. 凭接送卡交接幼儿，与家长简单交流幼儿当天情况。 4. 幼儿全部离园后，整理物品，关闭水电、门窗。

2. 后勤管理"6S"工作流程

时间	工作内容	部门	详细内容
7:40—7:50	检查上班准备情况	后勤部门	1. 7:30 各班级是否开窗通风，7:40 幼儿饮水是否准备好。 2. 厨房 7:30 员工早餐是否准备好。 3. 检查清洁工作（8:00 前完成楼梯栏杆、大型玩具、鱼缸、办公室等规定项目的清洁）。
7:50—8:00	晨会	后勤部门	提出昨日工作问题，布置当天工作任务。
8:00—8:40	晨检	全园幼儿	1. 工作服、电筒、服药登记表、椅子等物品准备好。 2. 孩子有序通过晨检，如有发烧、疱疹等传染疾病的情况，与家长沟通并劝其带回家中观察、休息。

续表

时间	工作内容	部门	详细内容
9:00—10:00	厨房检查	后勤部门	1. 菜品质量、数量核查。 2. 厨师的操作是否按规定进行(戴口罩、穿工作服、生熟分区等)。 3. 物品清洁卫生情况和物品的放置是否合理。
10:00—11:00	完成记录	后勤部门	将检查结果汇总并记录在册。
11:20—12:00	进班检查进餐情况	后勤部门	1. 观察各班级打饭时间是否按规定执行。 2. 观察各班级盛饭量是否足够。 3. 每餐到一个班级观察幼儿进餐情况,饭量、清洁、保教配合及幼儿进餐习惯等。 4. 班级剩菜剩饭量观察。
14:30—15:00	起床环节	各班级	1. 14:20检查班级午点准备情况。 2. 是否按时起床。 3. 床上用品是否按要求整理。
15:00—15:00	厨房检查	后勤部门	1. 晚餐准备情况。 2. 厨师操作是否规范。
15:00—16:00	办公室	后勤部门	巡查各班孩子起床后寝室的情况及孩子的护理情况。
16:10—16:40	观察饭量	后勤部门	1. 观察各班级保育员是否戴口罩并按时打饭。 2. 观察各班级盛饭量是否足够。 3. 每餐到一个班级观察幼儿进餐情况,饭量、清洁、保教配合、幼儿习惯及剩饭剩菜情况等。
16:30—16:40	大门口值守	后勤部门	1. 和保安一起值守大门口,防止孩子单独出校门。 2. 提醒家长有序进入和离开幼儿园。
16:40—17:00	离园检查	后勤部门	1. 各班级清洁卫生情况和各楼层清洁情况。 2. 物品摆放是否整洁规范。 3. 后勤人员离开是否关好门窗、水电。 4. 总结当日工作情况,拟订整改措施。

3. 清洁工"6S"工作流程

时间\内容	要求
8:00前	1. 工作服符合要求
	2. 办公室桌面、地面、书柜无污渍,电器、画框无灰尘
	3. 大厅、办公室垃圾袋已更换
	4. 各楼层栏杆先消毒再用清水擦拭
	5. 7:50 参加晨会
8:00—11:30	1. 各楼层玻璃擦拭(通透、无污渍)
	2. 公共区域保洁工作(地面无垃圾、物品摆放整齐)
12:00—12:30	拖地(用配好的84消毒水拖一次,再清水拖一次)
14:30—16:30	保洁(公共区域无蜘蛛网、物品摆放整齐、无污渍)
17:00—17:40	1. 公共区域的物品摆放整齐
	2. 公共区域无垃圾
	3. 结束工作后,劳动工具放回指定位置
备 注	1. 每天公共区域清洁消毒 2. 每周清洁卫生大扫除 3. 每月清洁卫生大检查

(六)"6S"检查标准表

"6S"管理检查标准表(适用于幼儿园各部门)

"6S"内容	"6S"要求	标准	得分(每项满分10分,优秀10分,良好5分,不合格0分)			
整理	区分必要和不必要的,把不必要的进行处理					

续表

"6S"内容	"6S"要求	标准	得分(每项满分 10 分,优秀 10 分,良好 5 分,不合格 0 分)		
整顿	把必要的进行分类、整理、标识、管理				
清扫	打扫干净				
清洁	持之以恒保持整洁				
素养	保持良好精神面貌				
	高效执行				
安全	无安全隐患				

三、谢家湾幼儿园管理科学化中的重要实践内容

1.明确提出管理科学化建设的实践目标

谢家湾幼儿园在五年发展规划中提出,把幼儿园办成"理念新、特色亮、团队优、口碑佳"的示范园。管理实践上提出"以园本特色文化为导向,追求管理的民主化和创新性,形成科学、民主、高效的管理机制,造就一支素养高、能力强、团结的领导班子,创设安全、和谐的育人环境"的操作目标。

——园本特色文化。谢家湾幼儿园有先进的"好习惯 好人生"的办园理念,坚持把"让爱的文明温暖世界"作为园本特色文化建设的愿景,着力打造关注幼儿终身好习惯培养的园本文化环境:物质环境和精神家园。爱的文明,是重视用文明的礼仪、文明的教学用语、文明的教学行为、文明的生活方式等去组织和开展幼儿的好习惯培养;爱的文明,特别重视用现代文明的课程建设,如幼儿早操课程建设,幼儿户外体育活动课程建设,幼儿亲子教育课程建设等去规范培养幼儿好习惯。温暖幼儿,是指对幼儿的关爱需要采取温馨的方式,如与幼儿的平等对话,对幼儿日常生活的关爱细化等;温暖幼儿,还表现在同幼儿家长建立家园共育的密切友好关系,表现在对幼小好习惯衔接的重视,表现在把幼儿好习惯的评价指标细化上;温暖世界,把幼儿园养成的好习惯传给身边的人,让所有中国人以及全世界人民都要养成好习惯。

——园本管理的民主化。民主是一种平等关系,是人人参与,共同协商的交流。园本管理的民主化,是在管理过程中把以人为本、教师参与、制度完善和家园共育等方面的关系建立在平等合作交流的基础上,不断完善教职工大会、园务公开机制,不断拓宽教职工民主参与管理渠道,做到凡涉及幼儿园发展和教职工切身利益的重大制度都来源于每个教职工的意见,最后由教代会审议通过。目前,谢家湾幼儿园形成了行之有效的一系列管理规章制度:《幼儿园安全制度》《教师备课制度》《教研活动制度》《教师考勤制度》《教师请假制度》《教师奖惩制度》等,这些管理举措

增强了教职工民主意识,激发了他们当家做主的自豪感。

——园本管理的创新性。创新是一种改进与重组的过程,创新是园本管理改革与深化的重要途径。谢家湾幼儿园为了适应幼儿教育深化课程改革与教育体制改革发展的需要,体现时代的精神,在"好习惯 好人生"办园理念下,管理方面一是不断审视、梳理、整合、提升已有的办园理念,进一步反思幼儿园的历史与现状、优势与劣势、机遇和挑战;二是不断丰富原有办园理念的内涵,使其与时俱进,并成为全园教职工为之奋斗的行动纲领;三是依托"3S"小公民课程的体系建设,进一步加强构建教师专业发展的共同体,通过多种途径,让更多同行、家长、幼儿受益于本园的各类优质教育资源,进一步提升本园在重庆市乃至全国的知名度。

——园本管理的高效性。管理的有效性理论认为:管理决策上、管理活动开展上、管理的质量提高上都可以呈现出管理的效果与效率。提高管理的有效性,是管理的一个重要追求,而管理的高效是管理有效中的最佳状态与最有效的管理效果。谢家湾幼儿园在管理有效性理论指导下:一是领导班子加强自身的学习,开拓思路,从幼儿园更好地可持续发展上提高班子集体的管理能力;二是针对教师队伍素质参差不齐状况,着力从责任心、耐心、爱心上提升教师的幼教素养,把教师爱的文明建设等作为提高教师专业能力的重要载体;三是通过幼儿灵性课堂教学,幼儿灵性课外益智玩具制作,幼儿参与社会实践体验活动的灵性启迪唤醒等传统与现代的活动,努力提高幼儿好习惯培养的效果与效率。

——园本管理的育人环境。环境是幼儿园教育的重要组成部分,高质量的环境是优质幼儿教育的重要保障和构成要素。谢家湾幼儿园从公共环境、户外环境、活动室环境等方面入手,依据幼儿的身心发展特点与需要,合理布局园舍、科学配置资源,使幼儿园环境发挥出最大的育人功效,让每个幼儿收获成功与快乐。具体实践中:一是成立"家长学校",组织建设"家长委员会"和"伙委会",积极探索家长参与幼儿园管理机制,如有效利用幼儿园公众号、班级群、幼信通等平台,以做好家园互动工作和家长特需服务工作,并不断完善,形成特色等;二是进一步开发利用社区课程资源,带领幼儿积极参加社区开展的艺术活动、文化活动、运动、爱心(慈善)活动等,经常走入社区开展教育活动,实现校园社区共建;三是成立以园长为代表的幼儿园主动发展实施领导小组,以工会主席为主的幼儿园主动实施监控小组和幼儿园主动发展实施评价小组,按照幼儿园主动发展规划的自评机制,对幼儿园主动发展规划的实施,开展形式多样、自下而上的自评,并针对自评的结果对规划的实施进行调节整改;四是建立幼儿园专家团,邀请市、区的教育教学和教育管理方面的专家,对幼儿园的工作进行指导、培训教师和提供决策建议等。

2. 开展丰富的园本课程建设管理活动

课程建设是园本管理建设中的重点,加快幼儿园的课程建设,需要开展丰富的课程活动。近年来,谢家湾幼儿园立足于幼儿"好习惯 好人生"的"3S"小公民课程体系建设:一是成立"课程研发中心""保教质量督查中心""信息管理中心""后勤保障中心"四大中心,完善各模块管理流程,明确职责,提升管理效能。二是完善课程管理制度,通过园长蹲点指导、现场办公、听课评课等,落实常态化的课程管理与监控,提高课程实施的成效。三是依托重点发展项目"课程游戏化"的建设,调整幼儿一日作息时间,创设基于儿童的游戏环境、优化集体教学活动、研究课程方案自我完善的策略与途径,进一步提高园长的课程领导力和教师的课程执行力,不断提升保教质量。四是完善课程评价内容与形式,开展以幼儿发展为目的的课程实施评价、教师评价与幼儿发展评价,形成科学、有效的课程实施方案。五是践行"家文化"的管理理念,加强对教职工的人文关怀,为教师搭设专业发展平台,激发教职工自主发展的内在动力,帮助教师形成归属感。

3. 完善幼儿园管理的四个组织保障条件

顺利实施幼儿园的科学化管理必然离不开相应的保障条件。谢家湾幼儿园从组织机构、教师队伍、经费、外部环境四个方面尽力提供管理科学化实施的保障条件。

——组织保障。幼儿园成立以园长、工会主席、保教主任、教研组长、后勤主任为主要成员的领导小组,规划并实施幼儿园发展,并针对幼儿园每一年的实际发展情况进行自上而下的自评。

——队伍保障。园长带领全体教职工积极投入到规划的实施中去。在实施过程中对规划进行多角度的分析,将主动发展规划中要完成的每一项工作细化成项目,由核心组成员担任项目负责人,细化操作措施保障规划的有效实施。每位教职工对照幼儿园的主动发展规划,制定个人的主动发展规划,在规划实施中,不断培育团队。

——经费保障。幼儿园改革发展,要求合理规划、使用教育资金,提高教育投入的效益。一是从课程方案实施和教师自身发展需求方面,给予教师参与学习培训的经费保障;二是根据课程资源库建设等需求,添置或调整有关设备,投入相应经费;三是为组织干部教师参与各类社会实践活动提供经费等。

——外部保障。一是建立幼儿园专家团,邀请市、区教育教学和教育管理方面的专家,对幼儿园的工作进行指导,培训幼儿教师和提供决策建议等;二是争取上级教育行政部门、政府主管部门给予人员编制、研究专项经费等方面的支持与保障;三是争取所在社区、协作单位、幼儿家庭的积极配合与大力支持。

四、加强幼儿教育法治化建设的几点建议

教育部在《依法治教实施纲要(2016—2020 年)》中指出:依法治校是依法治教的重要内容,也是推进法治社会建设,构建多层次、多形式法治创建活动的重要组成部分。深化教育改革,全面实施素质教育,推进中小学校的依法治校,是新时期基础教育贯彻党的教育方针,提高教育质量,促进教育均衡发展,强化学校法治管理,增强学校法治能力。幼儿园是培育祖国花朵的最初土壤,土壤的好坏直接影响祖国未来栋梁的成长,因此更应重视和加强法治化建设。依据依法治校的几个方面:学校章程建设、学校制度建设、师生权益保护机制完善等,结合谢家湾幼儿园的管理科学化建设,现提出以下几点幼儿园法治化建设的建议:

1. 增强依法治校的幼儿园办园意识势在必行

通过学习《全面推进依法治校实施纲要》《中华人民共和国未成年人保护法》《中华人民共和国预防青少年犯罪法》《公民道德建设实施纲要》《学生伤害事故处理条例》《中华人民共和国义务教育法》等法律法规和政策知识，依法依规提高幼儿园办园的科学化管理水平是必须强化的意识。当前幼儿教育发生的各类事件暴露出用人机制不健全、幼儿食品不安全、幼儿教师粗暴管理、幼儿园民主制度建立不完善等现象，仍然影响着整体上的幼儿教育管理的科学化进程。增强法治意识，是幼儿园章程建设、制度建设、队伍素质提高的重要保障。

2. 制订好依法治园的建设方案和计划有利于推进管理科学化

幼儿园依法依规办园，需要制订好的方案。教职工的普法教育、家园共育的统一形式与内容、幼儿从小的法治教育、各类幼儿普法教育活动的开展等，都需要有计划、有针对性地进行思考与组织。管理科学化落实到依法依规办园过程中，就是要有依法治园的方案与计划，才能切实提高管理科学化的水平与质量。

3. 幼儿园园长应自觉提高个人的法制素养

一个好园长是一所好的幼儿园的重要条件。园长的个人素养关系幼儿园的许多方面，其更应该提高法治素养，要有依法治园的意识，要有对幼教工作法治知识的了解和运用能力，要带头遵守园本制度与做合法公民，要有不懈进取的精神和坚强的意志，对幼儿园的决策管理、计划管理、质量管理和队伍建设做到依法决策、依法管理、依法协调、依法监督，使全园的教育行政工作走上法制轨道。

文化篇（三）
"好习惯　好人生"课程文化

　　谢家湾幼儿园课程文化视野——一日生活皆课程。幼儿教育以全面贯彻党的教育方针,全面实施素质教育,培养"好习惯　好人生"的社会小公民为育人目标。强调幼儿终身发展必备的人格与关键能力,统筹兼顾幼儿教育的早期性、基础性、关键性、生活性,着力提高幼儿教育质量。

　　幼儿园课程建设过程是对课程蓝图的勾勒与践行的过程,是幼儿园整体发展与特色形成的核心,也是幼儿园一日常态生活和思考的方式,全方位地反映幼儿园的办学思想。在"好习惯　好人生"的办园理念的引领下,谢家湾幼儿园落实国家立德树人的根本任务,基于幼儿的终身发展,根据幼儿未来发展需要的关键能力和核心经验,建构了五大领域课程、坊课程、"拼玩"游戏课程、小军人课程四位一体的"3S"小公民课程体系。

　　"3S"小公民课程的培养目标,即培养会运动(Sport)、会学习(Study)、会生活(Survival)的小公民。这些课程各类别相辅相连,突出学前教育致力追求教育全面性和差异性、个性化与人性化,凸显课程的鲜活与生长,旨在培养幼儿成为身心健康、习惯良好、生活愉快的未来幸福人。

一、谢家湾幼儿园课程文化总体设计

谢家湾幼儿园课程体系建设依据《中共中央国务院关于深化学前教育改革的意见》《幼儿园工作规程》《中华人民共和国教育法》等政策文件,把立德树人和为幼儿终身发展做准备作为指导思想,以"好习惯 好人生"的办园理念为引领,以深入践行"让智慧的灵性实现美好未来"的办园文化为要求,追求"让爱的文明温暖世界"的课程育人愿景,制定了"3S"小公民课程体系与具体实施方案。(见下图)

培养幼儿好习惯体系

(一)"3S"小公民课程理念

幼儿园以"好习惯 好人生"办园理念为引领,确立"做中玩、玩生慧"的课程理念。幼儿的"做"在于形成良好的学习习惯、生活习惯、运动习惯等;幼儿的"玩"在于启迪幼儿的智慧灵性,为幼儿终身学习打下良好的基础。

(二)"3S"小公民课程设计

课程建设既要面向幼儿全体,更要关注幼儿的个体差异;既要培养幼儿的学习能力,更要关注培养幼儿的好习惯;既要关注幼儿身体健康,更要关注幼儿的灵性开发。具体到课程的建设上,一要有面向全体的国家规定的多元智能主题课程,二要有关注幼儿个性发展的选修课,三要有培养幼儿动手能力的坊课程,四要有培养幼儿爱国情怀的小军人课程,五要有培养幼儿思考习惯的"拼玩"游戏课程等。

1.课程目标

——幼儿发展目标。课程育人着力培养"3S"小公民。"3S"即:会运动(Sport)、会学习(Study)、会生活(Survival)。

(1)会运动(Sport):具有运动兴趣、掌握运动技能、形成阳光性格。(运动娃)

具有运动兴趣:幼儿能够积极地参加运动;

掌握运动技能:幼儿能够掌握3+N运动技能——跳绳、跳远、投掷+其他的运动技能;

形成阳光性格:幼儿勇于克服运动中的困难,快乐地运动。

(2)会学习(Study):习惯良好、自主探究、自信表达。(学习娃)

习惯良好:幼儿养成正确的听、说、读、写姿势和每日坚持阅读20分钟以上的习惯;

自主探究:幼儿能够每日坚持观察、实验、思考、记录,培养喜欢思考的习惯;

自信表达:幼儿能够唱儿歌、朗诵诗文、复述故事各20篇以上,并且仪态大方得体。

(3)会生活(Survival):安全地生活、独立地生活、友好地生活。(生活娃)

安全地生活:幼儿在游戏活动中遵守规则,学会自我保护等;

独立地生活:幼儿掌握洗、切、煮等厨房技能,幼儿会搭配衣服、缝纽扣等技能;

友好地生活:幼儿在团队中会分工、会合作、会谦让,从而学会与团队中的伙伴友好相处。

——教师发展目标。更新教师教学观念,增强课程意识,提高课程开发力、执行力、反思力,教师由课程执行者变为园本课程的研发者,促进教师专业化发展。

——幼儿园发展目标。促进幼儿园内涵特色发展,建构起幼儿园特有"好习惯 好人生"的理论实践体系。

2. 课程内容

幼儿园"3S"小公民课程体系由基础课程和拓展课程组成。基础课程:多元智能主题课程+坊课程;拓展课程:"拼玩"游戏课程+小军人课程。

（1）课程结构

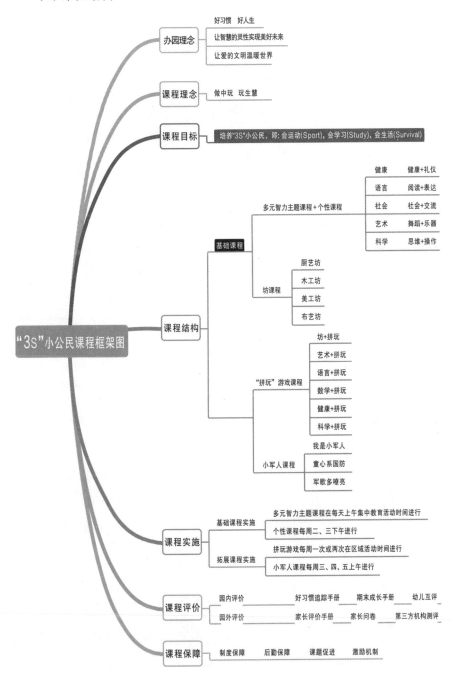

（2）课程分配

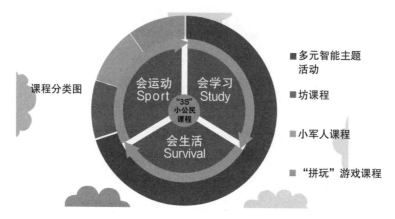

课程分类图

- 多元智能主题活动
- 坊课程
- 小军人课程
- "拼玩"游戏课程

会运动 Sport　会学习 Study
"3S"小公民课程
会生活 Survival

（3）课程内容

课程类型	课程名称	课程内容	课程目标	
			总目标	具体目标
基础课程	多元智能课程	1.五大领域课程 2.好习惯追踪手册 3.每月主题活动 4.节日活动（三八节、教师节、母亲节、父亲节、感恩节等） 5."3S"分享会（挑战60秒） 6.个性化课程（架子鼓、非洲鼓、尤克里里、小主持、拉丁舞、思维游戏、齿轮科学、国际象棋、机器人等） 7.家园共育	会学习	一、健康领域 1.身体健康，在集体生活中情绪安定、愉快。 2.生活、卫生习惯良好，有基本的生活自理能力。 3.喜欢参加体育活动，并学会保护自己。 二、语言领域 1.乐意与人交谈，讲话有礼貌。 2.注意倾听对方说话，能理解日常用语。 3.喜欢听故事，阅读，并能清楚表达自己想说的事。 三、社会领域 1.能主动参与各种活动。 2.理解并遵守日常生活中基本的社会行为规则。 3.能努力做力所能及的事，不怕困难；乐意与人交往，懂得合作和分享。

续表

课程类型	课程名称	课程内容	课程目标	
			总目标	具体目标
				四、科学领域 1. 对周围的食物、现象感兴趣,有好奇心和求知欲。 2. 能运用各种感官,动手动脑,探究问题。 3. 能用适当的方式表达、交流探索的过程和结果。 五、艺术领域 1. 能初步感受生活和艺术中的美。 2. 喜欢参加艺术活动,并能大胆地表现自己的情感和体验。 3. 能用自己喜欢的方式进行艺术表现活动。
	坊课程	1. 厨艺体验(洗菜、择菜、炒菜、做面条等) 2. 陶泥(捏创意的图案) 3. 布艺坊(穿衣及搭配服装、穿针、缝补等) 4. 木工坊(锯、刨等)	会生活	3~4岁:在坊课程中培养幼儿积极参加、乐于观察的好习惯。
				4~5岁:在坊课程中培养幼儿乐于交流、敢于操作的好习惯。
				5~6岁:培养幼儿乐于探索、乐于创造、热爱生活的情感。
拓展课程	"拼玩"游戏课程	1. 音乐+拼玩游戏 2. 区角+拼玩游戏 3. 运动+拼玩游戏 4. 陶泥+拼玩游戏 5. 厨艺+拼玩游戏 6. 舞蹈+拼玩游戏	会学习	3~4岁:培养幼儿的观察能力以及对"拼玩"游戏的兴趣。
				4~5岁:培养幼儿在游戏中大胆表达、乐于操作。
				5~6岁:培养幼儿积极探索、创造地表达。
拓展课程	小军人课程	1. 小军人习惯培养 2. 小军人技能培养 3. 军歌比赛	会运动	3~4岁:培养幼儿喜欢运动、喜欢军人的情感。
				4~5岁:培养幼儿掌握基本体育技能,敢于挑战。
				5~6岁:培养幼儿勇敢坚韧的品质以及热爱祖国的情怀。

例1:坊课程

厨艺坊	木工坊	陶泥坊	美工坊	布艺坊
3～4岁:食物认知 简单操作 4～5岁:厨艺认知 探索操作 5～6岁:用餐礼仪 情景交往	3～4岁:工具认知 安全操作 4～5岁:基本能力 探索操作 5～6岁:木工技巧 操作组装	3～4岁:材料认知 简单操作 4～5岁:泥工技巧 尝试作品 5～6岁:陶泥技巧 作品制作	3～4岁:色彩材料认知 手工操作 4～5岁:美术技能 绘画作品 5～6岁:美工技能 作品制作	3～4岁:材料认知 简单操作 4～5岁:生活技能 生活运用 5～6岁:装饰技巧 作品制作

例2:"拼玩"游戏

年龄段		游戏内容	游戏目标	游戏时间
3～4岁 (小班下)		游戏内容: a o e i u ü	1.感知 a o e i u ü 六个单韵母的发音及形状。 2.重点培养孩子的观察能力、语言表达能力。 3.培养幼儿对拼音符号的兴趣。	小班下期三周一次,在区域游戏时间进行。
4～5岁	(中班上)	b p m f d t n l g k h	1.感知 b p m f d t n l g k h j q x zh ch sh r z c s y w 23 个声母的发音及形状。 2.重点培养孩子的操作能力、想象能力。	间周一次,利用区域活动时间进行。
	(中班下)	j q x zh ch sh r z c s y w		
5～6岁	(大班上)	ai ei ui ao ou iu ie ue er an en in un ün	1.感知 ai ei ui ao ou iu ie ue er an en in un ün ang eng ing ong 以及整体认读音节的发音及形状。 2.重点培养孩子爱探索、爱创造的好习惯以及发散思维能力。 3.培养孩子对拼音符号的兴趣。	每周一次,利用区域活动时间进行。
	(大班下)	ang eng ing ong zi ci si ri zhi chi shi yi wu yu ye yue yin yuan yun ying		

厨艺体验"b"

音乐游戏感知"er"

（三）"3S"小公民课程实施

课程实施强调"润物无声地养成"：是全体、全面、全过程的；是综合幼儿生活经验、追随幼儿生活经验，为未来发展奠定基础的课程内容；是在主题背景下，以运动、游戏、学习、生活的形态相互交织，呈现幼儿一日生活的过程。

1. 实施原则

游戏性、生活化、操作性、体验性、个性化五原则。

——游戏性。坚持以游戏为主，贯穿在五大领域课程以及各项坊课程、个性化课程。

——生活化。在一日生活学习中学会自我服务，为他人服务。

——操作性。在各项课程实施过程中为幼儿提供充足的材料支撑，鼓励幼儿大胆尝试、操作，在实践中学习。

——体验性。重视幼儿的动手操作，在活动体验中学习。

——个性化。在区角活动和坊课程中创设幼儿自主选择的机会和条件。

2. 实施策略

分类整合、主题协同。

——分类实施。三大类课程:会运动、会学习、会生活。

——整合实施。三类课程的五大领域整合实施。

——主题实施。多元智能主题与生活节日主题整合实施。

——协同实施。家长学校、社区街镇协同实施,使"3S"小公民课程落地。

3. 组织形式

谢家湾幼儿园全日制招收 3～6 岁幼儿,按幼儿年龄设置小班(3～4岁)、中班(4～5岁)、大班(5～6岁)三个年龄段,根据幼儿的不同年龄特点设置相应的课程。谢家湾幼儿园课程的设置以《纲要》《指南》为基础和指导,主要包括两大板块:基础性课程和拓展性课程。其中,基础性课程包含多元智能主题课程和坊课程活动。拓展型课程包括小军人课程和"拼玩"游戏课程。基础课程与拓展性课程共同组成谢家湾幼儿园"3S"小公民课程,拓展课程是基础课程的辅助课程,其关系如下图:

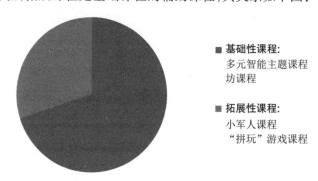

■ **基础性课程:**
　多元智能主题课程
　坊课程

■ **拓展性课程:**
　小军人课程
　"拼玩"游戏课程

"3S"小公民课程关系图

——基础性课程。幼儿园基础课程是指多元智能主题课程+坊课程,主要为生活活动、运动活动、游戏活动、学习活动四种课程类型。多元智能主题课程是以《3～6岁儿童学习与发展指南》为指导,发展孩子语言智能、数学逻辑智能、空间智能、运动智能、音乐智能、人际交往智能、内省智能、自然观察智能八项。在幼儿的一日活动中以主题的形式实施基础课程,关注幼儿多种体验的感受和获得,促进幼儿认知、技能、情感、态度等方面发展。坊课程是以《3～6岁儿童学习与发展指南》为指导,发展孩子健康、语言、科学、社会、艺术五大领域的能力,注重培养孩子动手操作能力以及生活能力。

生活活动:旨在让幼儿在真实的生活情境中自主、自觉地发展各种生活自理能力,形成健康的生活习惯和交往行为,在共同的生活中愉快、安全、健康的成长。主要内容有生活自理、交往礼仪、自我保护、环境卫生、生活规则等。

运动活动:旨在提高幼儿身体素质、动作协调能力和适应环境的能力,为幼儿健康的体质奠定基础。主要内容有体操、律动、体育游戏、器械运动、自然因素锻炼等。

游戏活动:旨在满足幼儿自主自发性活动的需要,发展幼儿想象力、创造力和交往合作能力,促进幼儿情感、个性健康的发展。游戏活动主要由角色游戏、结构游戏、表演游戏、自由活动等构成。

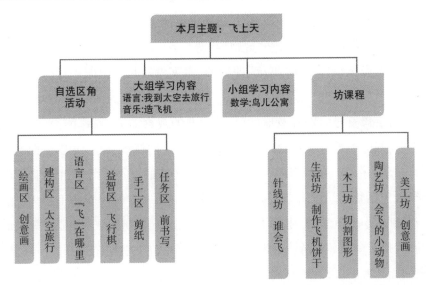

学习活动:旨在激发幼儿主动探索、积极体验,使幼儿在认知能力和态度上不断进步,为幼儿后续学习打下基础。学习活动主要通过多个有层次、网络状的主题活动及各类专用活动室来展开。主题式学习活动主要包括大、中、小三个年龄段9大主题;专用活动室主要包括厨艺坊、美工坊、陶泥坊、木工坊、阅读坊、舞蹈坊等。

幼儿体验活动:每月一次体验活动和各类亲子体验活动(亲子游戏、亲子制作、亲子表演、亲子运动会、亲子春游等)。

幼儿阅读活动:每周集体阅读活动,每学期1~2次阅读专题活动(亲子阅读、讲故事比赛、看图编故事比赛等),每周阅读活动,每班阅读区等。

——拓展性课程。幼儿园拓展性课程是指小军人课程+"拼玩"游戏课程。小军人课程主要包括:我是小军人、童心系国防、军歌多嘹亮三类课程。我是小军人课程每周三、四与户外活动时间整合进行,童心系国防到国防基地进行亲子活动,军歌多嘹亮课程结合艺术领域和大型活动实施。活动实施中,以军歌、律动、游戏为主体,以音乐加上活泼有趣的动作所设计的活动,不但可以作为热身及缓和运动,也可以让幼儿感受不同军歌的魅力、军人的精神、军人的气质,更能充分发展幼儿的走、跑、跳、投掷、攀登、钻爬、平衡等动作。重点锻炼幼儿的上肢力量、下肢力量、身体协调性、肌耐力、爆发力,培养幼儿团结协作能力,培养遇到困难不怕吃苦的精神,从而使幼儿形成遵守规则、互助友爱、阳光自信的个性,进一步培养幼儿的爱国情怀。在"拼玩"课程中,谢家湾幼儿园把课程目标具体分为知识目标、技能目标和情感目标。幼儿在大约三年的"拼玩"游戏中,感知拼音字母符号的发音及形状,培养幼儿的观察能力、操作能力、思考能力和良好的习惯等,激发幼儿对拼音字母符号的持续兴趣,并创造性地进行"拼玩"游戏。在课程内容方面,"拼玩"游戏的内容是把63个拼音字母符号(包括整体认读音节)整合成59个自编游戏。时间安排上:59个游戏分别在小班下学期、中班上下学期、大班上下学期完成;安排在集中活动、区角活动和日常游戏与生活活动之中。小班下学期三周开展一次,中班间周开展一次,大班每周开展一次。我们研发了教师用书、幼儿用书、幼儿绘本、操作材料包等课程资源,并研制了幼儿评价手册。

——基础性课程和拓展性课程的教学模式。

一是"体验型教学模式"的目标是指向幼儿的道德情感、社会性、审美情趣等人文精神培养的。其适宜的教学内容有:社会实践、文学作品、音乐欣赏等。模式的基本结构为:情景感知→体验理解→内化迁移。

二是"探索型教学活动模式"的目标是指向幼儿自主、独立、好奇、探究以及认知兴趣与能力等科学精神培养的。其适宜的教学内容有自然常识、数学活动、小制作等。模式的基本结构为:自由探索→引导发现→交流讨论→迁移应用→复习巩固→继续探索。

三是"表现型教学活动模式"的目标是指向幼儿表达、表现能力和创新、创造精神培养的。其适宜的教学内容有语言、音乐、美术等。模式的基本结构为:欣赏重现→联想创作→展现交流。

课程时间分配表(举例大班)

时间	活动环节	备注
8:00—8:20	活力晨练	打卡进园+二次晨检+晨跑+自选活动
8:20—8:45	愉快早餐	音乐、安静、幼儿自取自放
8:45—9:25	早操+自主区域活动	每天一名老师当主教练
9:25—9:40	甜美拼盘	幼儿自取
10:00—11:00	"3S"分享会+大组活动+小组活动(区角活动或坊课程)	健康、语言、社会、科学探究、数学认知、美工艺术领域 流程:自选区角+线上就座(音乐律动)+数字接龙点名+分享会+大组活动+小组活动(区角或坊课程)+评价总结(音乐律动)(张贴摆放学习成果)
11:00—11:30	户外活动	专项体能+自主活动
11:30—11:40	餐前游戏	故事、静心游戏、音乐律动
11:40—12:10	丰盛午餐	感恩的语言+动作、音乐、安静、幼儿自取自放
12:10—12:30	漫步休闲	如不下雨要到室外活动
12:30—14:20	安静午睡	午检+巡视+仔细观察记录
14:20—14:50	精致点心	音乐、安静、幼儿自取自放
14:50—15:20	集中教育	健康领域、语言、音乐艺术
15:20—16:00	户外活动	专项体能+自主活动
16:00—16:10	餐前游戏	故事、静心游戏、音乐律动
16:10—16:40	营养晚餐	感恩的语言+动作、音乐、安静、幼儿自取自放

续表

时间	活动环节	备注
16:40—16:50	离园准备	离园整理检查:外伤、裤裆、流汗、衣物穿戴整洁、梳理头发
17:00	平安离园	单列右侧行走、分时段有序打卡离园

（四）"3S"小公民课程管理

课程管理是对"3S"课程建设的资源进行优化的管理,也是对"3S"小公民课程分板块实施的计划、组织、协调的具体管理。课程资源方面主要是园内课程资源和园外课程资源的优化。园内课程资源包括:一是师生用书、动手操作材料包;二是师生本身不同的经历、生活经验、学习方式、教学策略等;三是幼儿园内厨艺坊、木工坊、陶泥坊、阅读坊等功能室和园内各种文化条件等。园外课程资源主要是园外家庭资源、家长助教资源、图书馆、科技馆、博物馆、网络资源、军旅基地等。

1.制度管理

园长是幼儿园课程管理的第一责任人,要依照法规和本园课程方案实施有效管理。负责建立完善的课程管理制度,领导课程实施方案的编制,对课程资源进行统筹协调,组织课程评价,并在动态过程中形成适合本园和幼儿发展需要的课程运作流程。

2.课题管理

通过课题立项,全园参与教科研以促进课程的深度实施。谢家湾幼儿园申报了市级课题《幼儿"好习惯"养成教育的实践研究》《开展幼儿"好习惯"养成教育,促进办园品质提升》《开发利用本土资源,促进幼小衔接》《户外早操活动生态化的课程实践研究》,区级课题《幼儿园幼小衔接的实践研究》。

3.激励管理

幼儿园教师是课程有效实施、开发和改革的主体力量,要充分发挥自身的主动性和积极性,提高参与课程和执行各项课程制度的自觉性,把课程实施作为自身专业化发展,实现人生价值的平台,勤于思考、勇于实践、善于研究、敢于创新。课程的实施情况纳入每月绩效考核,学年末开展优秀教师评选活动,并定期外出培训学习。特别优秀者报送市区级优秀教师评选,并颁发证书和奖励。

4. 场地人员

谢家湾幼儿园"3S"小公民课程之户外活动和区域活动安排表如下:

年段	周次	时间	地点	活动参与人员
大班	单周	8:00—8:20	顶楼操场	整班
		8:45—9:25	顶楼操场	整班
		10:00—11:00	大一班教室	走班剩下人数
			大二班教室	走班剩下人数
			大三班教室	走班剩下人数
			大四班教室	走班剩下人数
			生活体验坊	走班:一个班3人
			陶泥坊	走班:一个班3人
			木工坊	走班:一个班3人
			二楼公共区角	走班:一个班6人
		11:00—11:30	顶楼操场	整班
		15:30—16:10	顶楼操场	整班
	双周	8:00—8:20	顶楼操场	整班
		8:45—9:25	顶楼操场	整班
		10:00—11:00	大一班教室	走班剩下人数
			大二班教室	走班剩下人数
			大三班教室	走班剩下人数
			大四班教室	走班剩下人数
			美工坊	走班:一个班3人
			布衣坊	走班:一个班3人
			阅读坊	走班:一个班3人
			二楼公共区角	走班:一个班6人
		11:00—11:30	顶楼操场	整班
		15:30—16:10	顶楼操场	整班

续表

年段	周次	时间	地点	活动参与人员
中班	单周	8:00—8:20	三楼操场	整班
		10:00—10:40	一楼操场	整班
		8:50—9:40	中一班教室	走班剩下人数
			中二班教室	走班剩下人数
			中三班教室	走班剩下人数
			中四班教室	走班剩下人数
			生活体验坊	走班:一个班3人
			陶泥坊	走班:一个班3人
			木工坊	走班:一个班3人
			二楼公共区角	走班:一个班6人
		11:00—11:30	三楼操场	整班
		15:30—16:10	三楼操场	整班
	双周	8:00—8:20	三楼操场	整班
		10:00—10:40	一楼操场	整班
		8:50—9:40	中一班教室	走班剩下人数
			中二班教室	走班剩下人数
			中三班教室	走班剩下人数
			中四班教室	走班剩下人数
			美工坊	走班:一个班3人
			布衣坊	走班:一个班3人
			阅读坊	走班:一个班3人
			二楼公共区角	走班:一个班6人
		11:00—11:30	三楼操场	整班
		15:30—16:10	三楼操场	整班

续表

年段	周次	时间	地点	活动参与人员
小班	单周	8:00—8:20	一楼操场	整班
		8:45—9:25	一楼操场	整班
		10:00—11:00	小一班教室	走班剩下人数
			小二班教室	走班剩下人数
			小三班教室	走班剩下人数
			小四班教室	走班剩下人数
		11:00—11:30	一楼操场	整班
		15:00—15:30	生活体验坊	走班:一个班3人
			陶泥坊	走班:一个班3人
			木工坊	走班:一个班3人
			阅读坊	走班:一个班6人
		15:30—16:10	一楼操场	整班
	双周	8:00—8:20	一楼操场	整班
		8:45—9:25	一楼操场	整班
		10:00—11:00	小一班教室	走班剩下人数
			小二班教室	走班剩下人数
			小三班教室	走班剩下人数
			小四班教室	走班剩下人数
		11:00—11:30	一楼操场	整班
		15:00—15:30	美工坊	走班:一个班3人
			开心坊	走班:一个班3人
			阅读坊	走班:一个班3人
			木工坊	走班:一个班6人
		15:30—16:10	一楼操场	整班

5.资源管理

——物质资源。园内课程资源,除了师生用书、动手操作资源包以外,还有教师、学生,师生本身不同的经历、生活经验、学习方式、教学策略都是非常宝贵、直接的课程资源。幼儿园内厨艺坊、木工坊、陶泥坊、阅读坊等功能室和园内各种活动也是重要的课程资源。园外课程资源,主要包括园外家庭资源、家长助教资源、图书馆、科技馆、博物馆、网络资源、军旅基地、谢家湾小学等。

——人力资源。高校资源、专家资源、专业教师资源、军队资源、家长资源等。

——资源现状。在课程内容方面,"拼玩"游戏的内容是把 63 个拼音字母符号(包括整体认读音节)整合成 59 个自编游戏。在时间安排上,59个游戏分别在小班下学期、中班上下学期、大班上下学期完成;安排在集中活动、区角活动和日常游戏与生活活动之中。小班下学期三周开展一次,中班间周一次,大班每周开展一次。我们研发了教师用书、幼儿用书、幼儿绘本、操作材料包和幼儿评价手册等课程资源。

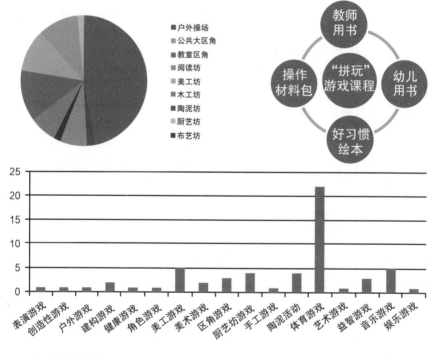

6. 课程评价

课程评价是对"3S"小公民课程实施的效果及课程深化改革的育人功能增强的导向进行评议、督导、评价等。其评价原则是:专业性、实践性、效果性;评价内容为教师执行课程情况、幼儿好习惯形成情况、幼儿园育人质量提高情况、课程体系建设的完善情况等;评价的方式有:文本评价、现场评价、问卷评价、幼儿发展评价等;评价的主体是幼儿、教师、家长三位一体。

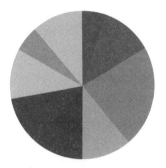

■常规体检　　　　　■体能测试　　　　　■多元智能评价

■"拼玩"体系评价　　■调查问卷评价　　　■上级领导评价

■第三方机构评价　　■家园手册评价　　　■幼儿成长手册评价

评价体系

（1）园内评价。借助园内体能测试、常规体检等方式进行健康指标评价；借助多元智能评价体系、"拼玩"游戏评价体系进行教师、家长、幼儿三方评价；利用儿童发展评估工具进行评价；幼儿期末成长手册评价等。

（2）园外评价。"好习惯培养"家园追踪手册家长评价；上级部门办园水平综合目标考核评价；社会、家长调查问卷评价；第三方调查机构评价等。

（3）"3S"小公民课程评价体系。

"3S" 小公民课程	评价内容	评价详述	评价时间	评价方式	评价人员
会运动（Sport）	具有运动兴趣	幼儿能否每天积极参加运动	各段每周	每周"幼儿好习惯培养追踪手册"每周跟踪观察记录	幼儿教师家长
	掌握运动技能	幼儿能否掌握3+N运动技能：跳绳、跳远、投掷＋其他的运动技能	各段学期末	学期运动水平测试记录	家长教师市评估院
	形成阳光性格	幼儿能否勇于克服运动中的困难，快乐地运动	各段每周	每周跟踪观察记录	幼儿教师

续表

"3S"小公民课程	评价内容	评价详述	评价时间	评价方式	评价人员
会学习（Study）	习惯良好	幼儿养成正确的听、说、读、写姿势和喜欢思考的习惯	学期中	大班每学期现场观察记录听、说、读、写姿势；小中班观察记录听、说、读、画的姿势	家长教师
	自主探究	幼儿能够每日坚持阅读20分钟以上；每日坚持观察、实验、思考、记录	各段每周	每周好习惯追踪手册；每周跟踪观察记录	幼儿教师家长
	自信表达	幼儿能够背儿歌、朗诵诗文、复述故事各20篇以上，仪态大方得体	各段学期末	学期语言能力测试记录（每学期3~5篇）	家长教师市评估院
会生活（Survival）	安全生活	幼儿遵守规则，学会自我保护	各段学期中	邀请社区相关工作人员和家长每学期做一次观察记录	社区相关工作人员教师
	独立生活	幼儿初步掌握洗、切、煮、蒸、炸等厨房技能；幼儿会缝纽扣、会编织等技能；穿衣搭配技巧	各段学期末	家长和教师每学期做一次观察记录	家长教师市评估院
	友好生活	幼儿在团队中会分工、会合作、会谦让，从而学会与团队中的伙伴友好相处	各段每周	每周跟踪观察记录	幼儿教师

二、园本特色的课程建设

（一）园本特色之"坊课程"

谢家湾幼儿园的坊课程由课程方案、主题游戏和创意材料三部分组成。秉承建构主义与现代认知心理学的知识观与学习观，鼓励幼儿动手操作、积极体验，在实践中主动建构起稳固的内在程序性、策略性知识体系；坚持艺术教育的综合性，强调艺术感受能力、表达能力与创造能力的全面培养。在课程中渗透绘画、纸艺、软雕塑等多种美术创作方式，开发幼儿解决问题的能力和创造力为核心的多元智力；关注幼儿艺术能力的"最近发展区"，以开放的眼光看待幼儿年龄特点与个体差异，系统有序地推进课程建设，开拓出既符合幼儿已有发展水平又具有未来挑战性的成长空间。近几年，谢家湾幼儿园在创新班级、廊道活动区布置的基础上创设了阅读坊、开心坊、厨艺坊、木工坊、陶泥坊、布艺坊等功能室。例如，木工坊的教学价值是培养工匠精神——注重细节、精益求精、耐心专注做好一件事。这是一个创新的课程，打破知识的单一运用，让孩子将学到的知识应用到生活中；提升创作兴趣，通过各式各样的工具创造孩子们脑海里想象的东西；激发创作灵感，培养创新型人才，为孩子提供丰富的工具以及材料，进行大胆创造。

因此，我园引进了特色课——木工坊课程。木工坊教室配备了儿童木工专用工具（儿童专用迷你版木工工具，儿童使用的原木组合套装桌椅和儿童专用护目镜、猪皮手套以及牛仔围裙等）。让孩子用自己的双手去实践，走到户外，就地取材，通过工具将废旧的木块枝条变废为宝，既能树立环保意识，又能享受造物的乐趣。在课堂上，幼儿园打造出了各种木工主题游戏，给孩子提供他们需要探索的材料，让他们去感知、去实践、去"玩"。在这个充满特色的房间里，孩子们尽情地创作，教师则努力为孩子们打造一个开放、自由、快乐的游戏活动空间。谢家湾幼儿园的幼儿在各个坊课程里充满激情和创造力，不断地放飞梦想……

陶泥坊

厨艺坊

布艺坊

木工坊

（二）园本特色之"拼玩"游戏课程

《幼儿园教育指导纲要（试行）》指出：幼儿园要提高保教质量和管理水平，保障幼儿健康快乐成长，一定要防止和纠正学前教育"小学化"现象。既要防止"小学化"倾向，又要为孩子入学做好相应的准备，怎样做到科学地幼小衔接呢？

基于现实存在的幼小衔接诸多问题，谢家湾幼儿园展开了关于幼小衔接的实践探索。其中，我们大胆尝试了幼儿在"拼玩"游戏中初步感知拼音的实践研究。"拼"是"动手拼一拼"和"感知拼音符号"的双重含义，"玩"是在动手操作和游戏活动中，帮助幼儿初步感知拼音符号的研究活动。通过"拼玩"游戏研究以期给幼儿科学的、游戏玩耍性的拼音学习模式，既满足幼儿成长的需求，也满足社会的期许。

幼儿对拼音字母符号感兴趣吗——《纲要》指出：培养幼儿对生活中常见的简单标记和文字符号的兴趣；利用图书和绘画，引发幼儿对阅读和书写的兴趣，培养前阅读和前书写技能。在幼儿阶段，要培养幼儿对文字符号的兴趣，那么，能培养幼儿对拼音符号的兴趣吗？因为在一年级，拼

音符号是识字的重要工具。

　　为了找到问题的答案，我们首先对家长、小学教师发放了 500 多份问卷调查。从家长调查问卷中，我们了解到，90% 的家长重视孩子习惯的培养；95% 的家长重视孩子阅读、书写的培养；100% 的家长要求让孩子学习拼音字母。从教师调查问卷中，可以发现，100% 的小学教师建议在幼儿园让孩子了解、感知拼音，避免"零基础"进入小学。

　　同时，我园还开展了《拼音字母符号关注度》的观察。在幼儿每天必经之地贴上拼音字母符号。我们发现：小班 83% 的幼儿开始对拼音符号表现出兴趣；中班 92% 的幼儿能自言自语念已熟悉的字母，并不时问"这个读什么"；大班 95% 的幼儿可以根据生活经验读一读，用手比画写一写。可见，从小班到大班，幼儿对拼音符号的敏感和学习兴趣呈上升趋势。

　　通过问卷调查、实地观察，我们认为，引导 3～6 岁幼儿感知拼音符号，既能满足幼儿的学习需要和兴趣，又能减轻家长对孩子的入学焦虑。

　　根据《3～6岁儿童学习与发展指南》精神,幼儿在幼儿园主要通过游戏获得相应的经验和能力。于是,我们思考:幼儿能在游戏中"玩拼音"吗? 能在"玩拼音"的游戏中获得对拼音符号的感知经验和能力吗?

　　通过系列教学研讨,我们明确了研究方向:让孩子在拼玩游戏中接触、感知拼音符号,在玩耍中对拼音符号产生一定的兴趣,并自然掌握拼音符号的名字(音)、样子(形),是可行的。

　　拼玩游戏的体系构建是什么——拼音的学习属于早期读写教育的范畴。早期阅读有助于幼儿思维、语言、想象力、个性习惯的发展。既有读写文字或图画,还有阅读和"书写"各种符号,包括拼音符号(含字母及其发音和识别);既有对语言和文字符号的倾听和理解,还有对语言和文字符号的表达和交流。结合幼儿喜欢游戏的特点,在游戏中感知、认识拼音符号,有助于拓展幼儿游戏的内容和形式,开阔幼儿认知视野,提高幼儿对拼音的兴趣和敏感性,积累幼儿更多学习经验。

　　我们把幼儿在游戏中"玩拼音"简称为拼玩游戏,即拼音、拼搭、拼合。幼儿在轻松愉快的游戏中感知拼音的名称和形状、建构拼音的各种形体、合作拼合主题等。因此,"拼玩游戏"既是一种游戏内容,更是一种游戏方式,最重要的是一种游戏理念和精神。在游戏中,幼儿的学习潜力是巨大的,我们可以在游戏中给幼儿多种视野、多种方法、多种感知、多种创新。

　　通过进一步研究,我们把课程目标具体分为知识目标、技能目标和情感目标。

　　知识目标:幼儿在大约三年的拼玩游戏中,感知拼音字母符号的发音及形状。如:健康游戏"a"(小班下学期),"看医生"的游戏环节让幼儿感知"a"的发音,观察小女孩的辫子感知"a"的形状。

　　技能目标:培养幼儿的观察能力、操作能力、思考能力和良好的习惯等。如:生活体验游戏"b"(中班上学期),在择、洗菠菜过程中培养幼儿的动手操作能力;绘本阅读《爱挑食的贝贝》培养幼儿不挑食的好习惯。

　　情感目标:激发幼儿对拼音字母符号的持续兴趣,并创造性地进行拼玩游戏。如:游戏"er"(大班上学期),创编耳朵之歌培养幼儿创新能力;

科学游戏"yun",探索云的形成,培养幼儿科学探究精神。

在课程内容方面,拼玩游戏的内容是把63个拼音字母符号(包括整体认读音节)整合成59个自编游戏。时间安排上:59个游戏分别在小班下学期、中班上下学期、大班上下学期完成;安排在集中活动、区角活动和日常游戏与生活活动之中。小班下学期三周开展一次,中班间周开展一次,大班每周开展一次。我们研发了教师用书、幼儿用书、幼儿绘本、操作材料包等课程资源,并研制了幼儿评价手册。

拼玩游戏在开展中有两个特点:

一是全在"玩"。我们参考儿童心理学家让·皮亚杰提出的"玩中学、学中玩"的教育理论,使拼玩游戏每一个活动的设计都以游戏形式开展,幼儿在不同的区域玩,满足每个幼儿在"玩"中快乐感知拼音符号。

二是凸显"拼"。苏霍姆林斯基曾说过:"儿童的智力发展体现在手指尖上。"对3~6岁幼儿来讲,动手能力的培养能够促进早期思维的发展、智力的开发,促进幼儿的自信心与创造力的发展。受此启发,我们提出拼玩游戏重在对幼儿动手能力的培养,在游戏中每个幼儿都有亲自动手拼搭的机会。

"拼玩"游戏在研究中应需而变——在"拼玩"游戏课程开发过程中,我们得到了市区级教研员的大力支持和指导,面对不断出现的问题,园里教师先后开展了四个阶段的游戏研究。

在第一个阶段,我们发现,游戏内容老师讲得太多,孩子自主游戏时间较少,失去了兴趣。于是,我们提出在整个游戏过程中老师指导时间不超过5分钟。在第二个阶段,虽然缩短了老师指导时间,但孩子对游戏过程兴趣依然不浓。原因是游戏内容较单一,没有与五大领域结合。于是,我们将59个游戏统一划分到结合户外体育的游戏、结合音乐和表演的游戏等活动中,感知63个拼音字母宝宝。第三个阶段,游戏丰富了,孩子感兴趣多了,但我们又发现,在教室里游戏禁锢了孩子的思维。于是,我们决定,除了区角游戏,将所有游戏全部调整到功能室与户外完成。第四个阶段,面对游戏难免有雷同的情况,我们决定:游戏雷同的只取一个,创造新游戏,每天都进行游戏研究,每个游戏都会在不同的年龄段玩两三次。

通过实践探索,我们发现幼儿对"拼玩"游戏很感兴趣,思维能力得到提高,表现欲与自信心也大大增强。通过对 2017 年毕业的幼儿进行跟踪调查,发现他们进入小学后对拼音的学习不再陌生,能很快进入正常的学习;家长认为有了幼儿园"拼玩"游戏的铺垫,入园焦虑缓解了;一年级的老师反馈,90% 的幼儿拼音学习状况良好。

在这个过程中,我们深有感触的是,"拼玩"游戏需要家长的大力支持,通过家长课堂转变家长观念,鼓励家长在家里与孩子设计拼音字母亲子游戏、一起完成操作材料包、阅读绘本,并做好相应的评价,帮助幼儿获得更好的学习效果。

(三)园本课程之小军人课程

《幼儿园教育指导纲要》明确指出:幼儿园是对幼儿实施德、智、体、美、劳全面发展的教育,是以游戏为基本活动形式。著名幼儿教育专家陈鹤琴先生也曾经说:"小孩是生来好动的,是以游戏为生命的。对孩子来说,游戏就是工作,工作就是游戏。"为此,谢家湾幼儿园为幼儿开设了符合幼儿好奇、好动特点的体育户外游戏活动课程——小军人课程,让他们在玩中学、乐中学,从而更好地促进幼儿全面发展,确立了以"户外活动 2 小时,小军人游戏 30 分"为抓手的体育活动课程。

小军人园本课程主要包括我是小军人、童心系国防、军歌多嘹亮三类课程,我是小军人课程每周三、四与户外活动时间整合进行,童心系国防到国防基地进行亲子活动,军歌多嘹亮课程结合艺术领域和大型活动开展。

以军歌、律动、游戏为主体,以音乐加上活泼有趣的动作设计出的活动,不但可以作为热身及缓和运动,而且可以通过不同的旋律感受军歌的魅力、军人的气质、军人的精神。更能充分发展幼儿的走、跑、跳、投掷、攀登、钻爬、平衡等动作,重点锻炼幼儿的上肢力量、下肢力量、身体协调性、肌耐力、爆发力。培养幼儿团结协作能力,遇到困难不怕吃苦的精神,从而使幼儿形成遵守规则、互助友爱、阳光自信的个性,进一步培养幼儿的爱国情怀。

(四)园本特色之幼小衔接课程

谢家湾幼儿园利用本土资源促进"幼小协同,科学衔接"。一方面依据《幼儿园教育指导纲要》中:幼儿园应与家庭、社区密切合作,与小学相互衔接,综合利用各种教育资源,结合本园共同为幼儿的发展创造良好的条件。另一方面结合幼儿身心发展规律,针对目前"幼小协同,科学衔接"缺乏系列化、科学化的教材的状况,幼儿园开展了一系列活动:向家长、教师发放问卷,了解家长、小学教师对幼小衔接的需求,通过开展"找不同"活动,让幼儿做好入小学的心理准备。

1. 课程整合

它包含三个层面的整合:一是 2016 年 9 月,在学前教育专家指导下,我们将五大领域课程与幼小衔接内容整合,梳理了 40 个课时的内容。二是利用就近资源,学习谢家湾小学"小梅花课程"的整合思想和内容,研究各种教材版本,优化教学内容,使教学更有针对性。近年来,谢家湾小学教师与我园教师一起开展幼小衔接研究活动 20 余次,并来谢家湾幼儿园授课、讲座、参加活动 100 多人次。同时,也组织谢家湾幼儿园老师到小学课堂听课观摩学习,了解一年级学生在课堂上的表现,了解幼儿园孩子如何适应一年级的学习节奏,学习一年级老师的组织教学方法,并开展同课异构教研活动。三是成立家长学校,利用家长资源,开展"家长进课堂"活动,并邀请专家进行幼小衔接定期讲座:"用赏识的眼光对待孩子""让孩子独立解决问题""不要走入关爱误区"等。家长不断转变观念,缓解了家长对幼儿入学的焦虑。

2. 幼儿身心健康发展

幼儿期是身体和心理发育、发展的重要时期,维护和促进幼儿身心健康,对其未来的发展有着重要、深远的影响。基于这样的思考,谢家湾幼儿园利用孩子身边环保的、经常接触到的废旧材料开展自制体育器材活动,激发幼儿的运动兴趣,从而增强幼儿体质。除了每班每周两节的体能活动,还特别开展了篮球、跳绳特色活动。孩子们从拍球开始,从一个一个蹦跶着跳绳开始,锻炼身体。每年春秋两季的亲子运动会以及"健康户外 快乐运动"为主题的元旦迎新是孩子们最喜欢的活动。

3. 良好习惯养成

每年 1 月,开展"整洁小标兵"评选,孩子学习擦拭餐具;每年 3 月,"小学生的一天"角色体验;每年 4 月,"五会小能人"挑战活动,孩子们会正确书写、安静阅读、自信表达、安全逃生、实践技能(会钉纽扣,会煮面条,会拍球,会跳绳,会捏泥巴)。谢家湾幼儿园自创的《幼儿好习惯培养追踪手册》,家长每天都会对孩子的表现进行记录,周一返回幼儿园集体交流。自从开展这项活动以来,家长发自内心地感叹:孩子懂事了,会珍惜时间了,会整理收拾物品了,更喜欢阅读了……

4. 入学前心理准备

每年 5 月,组织大班幼儿参观谢家湾小学,观看小学生的日常活动;适当延长大班幼儿的集中教育时间;每年 6 月,邀请谢家湾小学老师进课堂,给大班幼儿分别上一节语文、数学课,了解小学课堂的要求。还邀请小学师生到谢家湾幼儿园开展"光荣的小学生"系列主题活动,请小学生给大班幼儿分享课前准备、课间十分钟、怎么系红领巾等话题。孩子们睁大眼睛,充满了好奇与期盼。

5. 丰富认知经验

每年 10 月,通过"我的好朋友"活动,引导幼儿学会整理、学会使用卷笔刀等学习工具;通过"超市购物""我会坐轻轨""我是环保小卫士"等系列实践活动,培养幼儿的数学概念、学会与人交往、遵守公德、学会做事有计划等;每年11月,图书室增设"书写吧",培养大班幼儿正确的书写姿势。针对每个班级幼儿的实际情况,创设有班级特色的学习环境。老师和幼儿一起收集相关材料,如小学课程表、书包的朋友等,使幼儿把感知内化为行动,在整个教育氛围中做好入学准备。其次,在提供的游戏材料上逐渐向实物符号、词语方面转变,活动区域的内容在图文并茂的基础上增加文字量,让幼儿对文字敏感,有阅读的兴趣。如在区角活动中开设"拼古诗""三字经""成语故事"等,同时投放相应的书籍,帮助幼儿通过阅读对自己的行为进行校对,以丰富相关的知识经验,更能引起幼儿入学的兴趣。

文化篇（四）

"好习惯　好人生"教师文化

　　百年大计,教育为本;教育大计,教师发展为本。幼儿教师文化是幼儿园文化系统中的一个重要组成部分,幼儿教师文化是一种群体文化,是教育与文化关系的社会同构体。它不仅体现了幼儿教师这一特殊群体的价值观念、精神风貌和思想规范,而且蕴含着一个幼儿园的办园理念、管理思想。它是幼儿教师群体在共同的幼儿园环境中,在教学教养实践过程中创造出来的物质成果和精神成果的总和与表现,是科学精神的时代表现和具体凝聚。《幼儿园教师专业标准》提出对于教师专业发展的"幼儿为本、师德为先、能力为重、终身学习"专业要求,面对幼儿园智慧灵性文化建设与"3S"小公民课程体系建设,教师的专业发展,幼儿教育能力的提高,以及如何形成"好习惯　好人生"主题教育活动的核心素养,直接成为谢家湾幼儿园文化建设的重要课题。

一、谢家湾幼儿园教师基本情况

　　全园教职员工56人,一线教师28人,教师学历全部达标;高级教师1人,一级教师6人,二级教师15人;市级骨干教师1人,区级骨干教师3人;保育队伍12人,有保育证书的12人。目前幼儿园有12个教学班,师资队伍稳定,幼儿园教师流失率3%。一支政治过关、业务过硬、勇于创新、具有先进理念和稳定的保教队伍已初步形成。近年来,有过半数的教师参加各类赛课获奖,有三分之一的教师外出交流献课和参加相关学术研讨活动。

二、谢家湾幼儿园教师专业素养认识

幼儿教师专业素养的理论研究与国家关于幼儿教师专业标准的制定,对于谢家湾幼儿园的教师专业素养的提高实践具有指导意义。谢家湾幼儿园在办园理念"好习惯 好人生"引导下,针对园本教师队伍建设,提出了"和谐、激励、参与、发展"的专业化教师团队建设目标。强调培养具有幼儿教育智慧和灵性教育能力的教师,把园本课程体系建设、园本科研课题研究、园本学术论坛、园本教学设计能力提高活动等作为教师专业素养提高的重要实践。

(一)教师专业素养提高目标

国家提出在2020年要建成一支师德高尚、业务精湛、结构合理、充满活力的高素质专业化教师队伍。更有研究者提出学前教育高等院校需要培养一支热爱学前教育事业,以幼儿为本、才艺兼备、擅长保教的高水平幼儿园教师。谢家湾幼儿园以灵性文化建设作为整体的校园文化建设,把教师队伍建设的目标确定在"和谐、激励、参与、发展"的专业化教师团队建设上。

——和谐。和谐是事物之间,人和人之间,天地人之间的一种平衡稳定的状态,和谐社会的建立与和谐的人际关系,始终是中国特色社会主义建设发展的目标。建立一支和谐的教

师队伍,对于幼儿园以人为本理念的贯彻落实,对于灵性文化的教师文化营造,对于"3S"小公民课程的实施,以及亲子教育、家校共育等活动的开展,特别是幼儿好习惯的培养,都具有重要的实践意义。和谐的谢家湾幼儿园教师队伍建设,表现为园本制度建设的和谐,园本科研课题研究的和

谐,园本组织活动的和谐,以及家园共育的亲子活动、社会实践活动的和谐。

——激励。激励是组织通过设计适当的外部奖酬形式和工作环境,以一定的行为规范和惩罚性措施,借助信息沟通而激发、引导、保持和规范组织成员的行为,以有效地实现组织及其个人目标的过程。建立具有激励机制和采取激励手段管理的教师团队,是谢家湾幼儿园教师团队建设的又一举措。《重庆市九龙坡区谢家湾幼儿教师激励管理意见》把教师的激励管理放到重要的议事日程上,依据行为强化理论和认知协调理论,制订教师相互学习、相互竞争、相互评比的规章制度,以增强幼儿教师职业幸福感和提升专业素养为激励管理目标。

——参与。参与是指参加某方面活动并发挥好个体的作用,教师的参与是指教师认同教育、组织教育活动的重要心理状态,只有参与的情况下,教师才能认同教育,发挥好教师的主体作用。谢家湾幼儿园把教师的主动参与作为推动教师团队建设的重要目标项目,强调参与灵性文化建设,参与"3S"小公民课程体系建设,参与《幼儿"好习惯"养成教育的实践研究》课题活动,参与教师论坛,参与园本培训等。

——发展。发展是指人和事物从量变到质变,并在个体的学习力提高过程丰富和完善素养,提高生命质量、工作质量、生活质量的过程。发展才是硬道理,是中国特色社会主义的理论组成部分,而可持续发展、科学发展和终身发展等当代先进的教育改革与发展理念,正是幼儿教师团队建设的重要或核心目标。谢家湾幼儿园坚持把园本特色发展与教师专业发展密切结合,要求教师成为多能型、研究与实践型的教师,成为灵性文化之主体,个体成为有灵性教育教学能力的教师,成为智慧的示范,聪明才智的榜样。

(二)教师专业素养评价的标准

科学技术是第一生产力,对教师专业素养的培养,国家和地方都出台了系列的专业标准。谢家湾幼儿园立足"好习惯　好人生"的办园理念,在灵性文化建设中提出了教师专业素养评价的两个重要核心指标:智慧和灵性,以及"勤奋、敬业、阳光"三个方面的态度指标。

1.两个核心指标

幼儿教师需要有智慧灵性的素质,它是幼儿教师的核心素养的体现。

——智慧教师。智慧是人所特有的一种精神状态,是人的综合的心理能力,智慧表现为人所特有的高级思维活动与语言表达能力。智慧型教师是指那些具有较高教育智慧的教师,而教育智慧则是教师所具有的良好教育的内在品质,表现为教育的一种自由、和谐、开放和创造的状态,表现为真正意义上尊重生命、关注个性、崇尚智慧、追求人生幸福的教育境界。教育智慧在教育教学实践中主要表现为教师对于教育教学工作的规律性把握、创造性驾驭和深刻洞悉、敏锐反应以及灵活机智应对的综合能力。所以,智慧型教师的最大特点就是强调个性在教育实践中的作用。培养智慧型教师,以幼儿教育智慧能力作为教师发展、团队建设的标准,是谢家湾幼儿园的教师专业标准的核心。园本课程的教师赛课、教师自制教玩具、教师论文交流等举措,都把智慧作为评价的标准。

——灵性教育能力。灵性教育是自然、生态、生活、生长、经验改造性的教育。自然是一种回归教育原点,依据幼儿生长的天性、童真、游戏学习而设计;生态是把幼儿生长用生态学原理与方法,在环境条件、活动开展准备、课程内容选择等方面进行创设;生活是注重幼儿的启蒙、格物、体验需求组织幼儿的各类活动;生长则是促进幼儿"好习惯　好人生"的主题内容与形式,以及具体的操作常规,教学手段等;经验改造是重视幼儿教育的三个面向,强调课程育人立足当下、面向人生发展。谢家湾幼儿园以灵性教育能力提高为教师团队建设的核心指标,是因为灵性儿童需要有灵性教师的示范,需要有灵性教育活动的开展。用心关爱幼儿,用心营造灵性环境条件,用心开发灵性课程,用心制订一日行为习惯标准等,都是园本教师队伍建设的有效做法。

谢家湾幼儿园教师行为十不准、十提倡

十不准:

1. 不准歧视、侮辱或者讽刺、挖苦孩子。
2. 不准体罚、变相体罚孩子。
3. 不准把个人的不良情绪带给孩子。
4. 不准在职午睡的时候,躺在孩子床上睡觉。
5. 不准漠视孩子在园出现的生活、心理、情绪方面的问题。
6. 不准在活动中拉扯孩子。
7. 不准在教室里打电话、玩手机。
8. 不准对家长遇到的困难置之不理,不闻不问,消极等待。
9. 不准拒绝孩子要求喝水或者上厕所等要求。
10. 不准在上班时间做与工作无关的事情。

十提倡:

1. 提倡多观察、多发现孩子的优点,多鼓励孩子。
2. 提倡真正的尊重孩子,平等对待每一个孩子。
3. 提倡组织教育教学活动中,关注每一个孩子的发展。
4. 提倡及时正确处理园内发生的紧急事件。
5. 提倡多种方式与家长多沟通、多交流。
6. 提倡真诚对待同事和家长,传递正能量。
7. 提倡为孩子创设温馨、愉悦的进餐环境、不催促。
8. 提倡认真值午睡,并做好午睡巡视工作。
9. 提倡蹲下身体与孩子交流说话,声音要柔和。
10. 提倡教师榜样示范,集会中行为规范,有仪式感。

2. 三个态度指标

勤奋是一个教师参加劳动,开展教书育人工作的态度,幼儿教师需要有勤奋学习、勤奋工作的态度,具体表现为:积极奋进,不断实践、反思、再实践、再思。敬业是对幼儿教师的职业态度要求,具体表现为:把职业当作事业,默默耕耘,甘于奉献,以幼儿为主体,热爱学前教育,成就每一个孩子的梦想。阳光是指幼儿教师要有春天般的温暖和春风一样的笑容,具体表现为:仪态、语言、行为等方面为幼儿作行为示范,一如既往地坚持"十倡导十不准"原则。

三、教师专业素养提高做法

(一)教师的培训带动

1. 请进来

依据教师专业发展需要专家引领的要求,近年来,为了提高全园职工的专业素养,幼儿园建立了一套完善的教职员工培训机制。5年中,幼儿园先后五十余次聘请到了国家级、市级、区级各级专家到幼儿园进行专业指导,如中国教科院专家李继星教授、市教科院郭晓娜所长、市教科院幼教主任徐宇老师、市教科院教研员李传英博士、区教师进修学院江涛副院长等。

2. 走出去

　　教师专业发展需要同伴互助,更需要对外交流与学习先进的经验。为了进一步拓宽老师们的视野,学习先进的教育理念与方法,幼儿园会定期派老师出去学习。一是到市外学习。每月,幼儿园都会派 2 名老师赴深圳、上海、杭州、北京等地学习。近 5 年来,幼儿园每位老师都轮流到市外学习了 2~3 次。二是参加市级、区级培训学习,只要有重庆市内的培训,幼儿园的每位老师轮流参加。5 年来,参加市级、区级培训共计 250 余人次。

3. 园本培训与教研

(1)园内教研。幼儿园除了采用"请进来、走出去"的方式提高教师的专业素养,园内教研也常抓不懈。周二为幼儿园大教研,周三、四、五为小教研,在不断的培训与教研中,不仅促进了幼儿和谐发展,也提高了教师专业水平发展,提升了保教质量。当然,后勤队伍建设也丝毫不放松,每周三开展后勤培训。同时,定期派后勤员工外出学习,有效提升了后勤人员的综合素养和专业技能。

(2)园外教研。党的十八届五中全会习总书记鲜明提出了创新、协调、绿色、开放、共享的发展新理念。"开放 共享"是教育的主旋律。谢家湾幼儿园作为市一级幼儿园,区级示范园,积极带动引领一批幼儿园发展:主动承担送课下乡活动;主动帮扶九龙坡区彩色奥邻幼儿园、建锋幼儿园、华玉家园幼儿园三所普惠幼儿园共同发展。园外教研的具体做法:一是定期送教下乡,如王凤玲老师执教的《奥运小健将》送教至中梁山及西彭;潘小英老师的"拼玩"游戏活动《耳朵之歌》与施媛老师的"拼玩"游戏《小鸡吃虫》送教至万盛、民心佳园等幼儿园,深受好评。二是每周定期到"手拉手"帮扶三所普惠幼儿园指导工作等。

(二)教师课题研究的促进

幼儿园的教科研活动,是幼儿园教育教学的灵魂,是幼儿园不断发展的命脉,是教师专业成长的基础。谢家湾幼儿园培养幼儿的好习惯,打造幼儿的好人生,是园本教改科研的重要命题的依据,也是当前幼儿园落实指导纲要,促进幼儿园办园质量提高的有效保障。近年来,谢家湾幼儿园先后申报立项了市区教改科研课题,把"好习惯 好人生"作为研究解决幼儿教育的核心问题,《开展幼儿"好习惯"养成教育,促进办园品质提升》

被区教委评为先进课题;《开发利用本土资源,促进幼小衔接》被市教科院评为优秀课题,幼小衔接游戏中感知拼音的大胆实践探究,在全市乃至全国开创先河。由此,园本教科研工作形成的"创新思考—实践研究—成果运用—指导实践—提高水平"的良性运行机制,使教科研工作真正成为谢家湾幼儿园发展的有力支撑。五年来,幼儿园进行了五个课题研究:市级课题《幼儿"好习惯"养成教育的实践研究》《开展幼儿"好习惯"养成教育,促进办园品质提升》《开发利用本土资源,促进幼小衔接》《户外早操活动生态化的课程实践研究》,区级课题《幼儿园幼小衔接实践研究》。目前,正在参加《家园共育的实践研究》课题研究。

四、"好习惯 好人生"科研课题成果简介

教育家苏霍姆林斯基说:"如果你想让教师的劳动能够给教师带来一些乐趣,使天天上课不至于变成一种单调乏味的义务,那就应当引导每一位教师走上研究这条幸福的道路"。谢家湾幼儿园走内涵发展之路,确立教师与幼儿园共同发展,教改科研为先导,"好习惯 好人生"课题为载体,全面实施幼儿素质教育,落实立德树人根本任务的发展规划,取得了比较好的教改科研效果。

1.《开展幼儿"好习惯"养成教育,促进办园品质提升》课题成果

该课题立足于幼儿养成教育的调研问题,确定幼儿好习惯培养目标在于:幼儿的好习惯主要是"我与自己、我与他人、我与社会"三个方面和三十种与幼儿生活息息相关的好习惯,包括健康生活、快乐学习、文明交往、合作分享、爱国爱家、遵守公德等不同的良好习惯。培养幼儿的这些好习惯,需从创设幼儿好习惯培养的生态环境上(如好习惯生态墙、好习惯阅读坊等);幼儿好习惯课程开设上(礼仪教育课程、户外体育活动课程等);幼儿好习惯的社会实践活动上(科学探究性活动、亲子教育活动等);幼儿好习惯的评价标准制订上(幼儿一日常规行为评价标准、幼小衔接行为评价标准等)进行培养。

——课题选题。人民教育家陶行知说过:凡人生所需要的习惯,倾向

态度，多半可以在六岁以前培养成功。"依据《幼儿园指导纲要》《3～6岁儿童发展指南》《重庆市幼儿园一日活动行为细则》等文件精神，幼儿好习惯的培养，是幼儿园"让爱的文明温暖世界"理念的落实，是幼儿"我与自己、我与他人、我与社会"三个方面良好习惯培养的需要，培养幼儿健康生活、快乐学习、文明交往、合作分享、爱国爱家、遵守公德等良好习惯，是园本教改科研的需要。

——课题研究目标。落实幼儿园"好习惯 好人生"办园理念，研究构建幼儿良好习惯养成体系，探索小、中、大三个学段幼小衔接幼儿良好习惯培养的策略及方法，整合、优化、创新开发出幼小衔接的课程资源，形成系列园本课程，提升教师的课程资源开发能力，提升幼儿园办园品质、扩大影响力。

——课题研究问题。一是幼儿"好习惯 好人生"现状及分析的研究，重点是针对幼儿时期的"我与自己、我与他人、我与社会"三个方面良好习惯现状及培养条件创设的情况研究。二是幼儿良好行为习惯培养体系及培养策略、培养方法的研究。重点是幼儿健康生活、快乐学习、文明交往、合作分享、爱国爱家、遵守公德等良好习惯培养体系的建立，以及小、中、大三个学段幼小衔接幼儿良好习惯培养的策略及方法的研究。三是幼儿园办园文化建设与"3S"小公民课程体系建设的实践研究。

　　——课题研究的主要途径。一是确定研究的理论支撑,把陈鹤琴儿童教育理论、建构主义教学理论、生态系统理论、《幼儿园工作规程》《3~6岁儿童学习与发展指南》等作为课题研究的理论指导。二是开展幼儿时期的"我与自己、我与他人、我与社会"三个方面良好习惯现状及培养条件的调研分析,总结提炼不同年龄段的幼儿身心发展规律与年龄特征,了解家长培养幼儿良好行为习惯的参考性建议与养成良好行为习惯的途径和方法。三是组织课题研究的活动,如培训学习活动、园本教研活动、专家指导活动、课程建设活动等。

　　——课题研究的主要成果。一是建立了新型的教育关系。如建立"幼"与"环境"的互动关系;建立"幼"与"师"的互动关系;建立"家"与"园"的互动关系;建立"家"与"园"与"社区"的互动关系等。二是形成了课程资源的有机整合,构建了"3S"小公民课程体系,为提升幼儿好习惯培养,促进幼小衔接行为习惯养成奠定了基础。三是初步构建起了幼小衔接"好习惯"培养体系(如下图)。四是取得了好的物化成果。如"3S"小公民课程建设的《好习惯系列绘本故事集》《幼儿好习惯培养追踪手册》《幼儿个案追踪集》等。同时课题研究还形成了好习惯养成调研报告;建构了良好习惯培养点的框架,梳理了三个领域、十个培养面、三十个习惯培养点;探索出了环境孕育培养、课程引领、活动培育、家园共育四个方面幼儿好习惯养成的教育策略。

重庆市九龙坡区谢家湾幼儿园"好习惯"培养框架

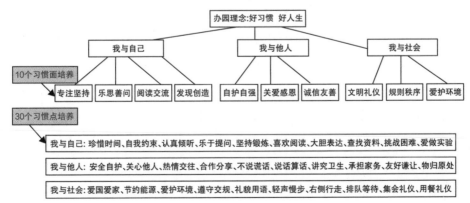

2. 市级课题:《开发利用本土资源,促进幼小衔接》

该课题依据《幼儿园教育指导纲要》中"幼儿园应与家庭、社区密切合作,与小学相互衔接,综合利用各种教育资源,结合本园共同为幼儿的发展创造良好的条件"要求,把幼小衔接问题作为幼儿健康成长的重要问题。谢家湾幼儿园结合学前教育现实中没有国家层面的幼小衔接教材的现状,开展了习惯培养、生活能力培养、教学课程内容调整以及家园共育等几个方面的课题研究。

——课题的选题。幼小衔接是指幼儿教育与小学教育的衔接,处于幼儿园与小学阶段的学童具有不尽相同的身心发展特征,解决好幼儿教育与小学教育的衔接问题,对于促进人的可持续发展,提高教育质量都具有重要意义。本课题着力于培养幼儿学习习惯和生活能力,将各种幼小衔接资源进行整合,使幼小衔接工作更具有效性,把幼儿教育的可持续发展和实现教育的连贯性与整体性纳入课题研究的主要思考之中。

——课题研究的目标。通过课题实践与研究,探索小、中、大三个学段幼儿良好习惯培养的策略及方法;通过师幼互动、家园共育,开发出小、中、大三个学段良好习惯的养成手册;通过整合、优化、创新,开发出幼小衔接的课程资源,形成系列园本课程。

——课题研究的问题。一是幼小衔接中幼儿良好习惯培养,重点培养幼儿的倾听习惯、书写习惯、阅读习惯;二是幼小衔接中生活能力的培养,重点培养幼儿的时间概念、规范整理、交往能力。

——课题研究的主要途径。一是建立"幼"与"环境"的互动关系,创新班级、廊道及各个活动区布置,让幼儿园的每一处环境创设说话,促进幼儿良好习惯的培养和生活技能的提高。在角色区创设"小学生的一天"的环境,让孩子体验小学生一天的生活;又如,建立小组学习氛围,让幼儿感受小组合作、团队互助的精神;在教室特别创设"拼玩"游戏区,在走廊、过道也融入拼音符号,让孩子对拼音符号产生兴趣。二是建立"幼"与"师"的互动关系,关注幼小衔接内容的有效性。"幼小衔接"中应怎样构建师幼间的互动,其关键在于我们到底教什么、如何教? 面对今天的幼儿,我园教师加强团队教研和专业学习,不定期请市级教研员对我们进行指导。三是建立"园"与"校"联动。幼儿园利用现有的资源,与谢家湾小学开展一系列的幼小衔接活动:每年5月,孩子们到小学体验小学生活、参观升旗仪式;每年6月,小学师生进园开展"我是光荣的小学生"一系列活动:小学老师给大班的上语文、数学课;一年的学生会给大班的孩子分享如何戴红领巾、怎样做好课前准备、放学回家如何完成作业等经验,激发了孩子对小学的向往;四是幼儿大班的老师定期与小学一年级的老师开展联动教研,进一步提高幼儿教师对有效衔接的科学认识。五是"园"与"家"联动。父母大手牵小手是幼儿迈入小学准备的第一步。首先幼儿园开展家长讲座、家长助教、亲子活动,帮助家长更新幼小衔接的观念,缓解家长的入园焦虑。其次幼儿园与家长达成协议,每年6月会在大班开展独立日——帐篷之夜活动,孩子在幼儿园独立生活一晚:自己搭帐篷、铺床、洗漱、换衣服等,培养幼儿的独立能力。六是"园"与"社区"联动。幼儿园充分利用社区的优质资源,开展一系列的主题活动:进社区超市学会有计划购物;学会坐轻轨,学会遵守社会规则;到消防基地参观,学会安全自救;在家做晚餐,培养孩子的独立能力等。

——课题研究的主要成果。一是开发了"拼玩"游戏课程资源,课题研究在市教科院李传英博士的指导下开展了"拼玩"游戏的课题研究,设计出59个不同形式、多样化的游戏案例,包含表演游戏、建构游戏、音乐游戏、体育游戏、娱乐游戏等多种形式。比如:在厨艺坊中学习菠菜的整理,感知b的发音;在户外奥运火炬传送中感知ao的发音,在区角活动中展示拼音符号d的形状;在美工活动中创造出r的不形态,通过"拼玩"游戏研究实践,真正做到了玩中学,学中玩,同时激发了幼儿自主学习、自主探究的好习惯,对拼音符号产生兴趣。"拼玩"游戏的成果得到市教科院的支持与肯定,我园教师将"拼玩"游戏案例送教到万盛区、西彭地区及民心佳园等幼儿园,获得同行的好评。二是研发了幼儿系列操作材料,并将30个好习惯点延伸、创编了59个绘本故事,结合拼音字母发音练习形成《好习惯好人生绘本故事集》,极大地丰富了园本课程。三是通过"拼玩"

游戏的研发,教师专业素质得到提高,教师参加国家级、市级、区级各类比赛,均获得一、二等奖,幼儿园已连续五年获得办园水平一等奖的好成绩。通过三年的实践探索,我们发现幼儿对拼玩游戏很感兴趣,思维能力得到提高,表现欲与自信心也大大增强。通过对 2017 年毕业的幼儿进行跟踪调查,发现他们进入小学后对拼音的学习不再陌生,能很快适应拼音学习的节奏;家长认为有了幼儿园拼玩游戏的铺垫,入园焦虑缓解了;一年级的老师反馈,90% 的幼儿学习拼音状况良好。

"拼玩"游戏资源包

"拼玩"游戏幼儿用书

"拼玩"游戏好习惯绘本

3. 市级子课题:《户外早操活动生态化的课程实践研究》

该课题抓住幼儿时期是幼儿运动能力发展的关键期,把幼儿园户外早操活动作为幼儿园的常规性教育活动,通过开展各种有趣的早操游戏活动,构建生态的户外体育活动资源,激发幼儿积极参与体育活动的兴趣,培养幼儿参加体育活动的习惯,同时对幼儿进行基本动作训练,培养幼儿良好的个性品质和吃苦耐劳的意志品质。

——课题的选题。依据李惠桐专家关于"动作和动作技能的掌握对婴幼儿心理发展有重要意义的研究",把幼儿早操从幼儿军训、幼儿游戏的不同角度进行动作技能的规范性训练,以发展幼儿基本动作能力、促进幼儿身心健康,建构生态化户外早操课程。

——课题研究目标。初步建构具有生态特色的幼儿园户外早操活动课程体系,探索户外早操活动园本课程的开发实施策略,提高幼儿早操活动的质量,提升教师的课程资源开发能力和课程执行力,提升幼儿园办园品质。

——课题研究问题。一是幼儿户外早操生态资源开发利用的研究,如如何充分利用幼儿日常生活中的常见游戏玩具、生活用品进行操作训练的研究;二是幼儿户外早操活动生态课程的实施策略研究,如早操活动案例的研究,早操活动实施方案的制定以及主题活动的延伸等研究;三是关于如何培养幼儿良好的个性品质和吃苦耐劳的意志品质的对策研究,如对早操活动基本结构"热身舞+队列练习+基本操节+分区体能活动+放松活动"的研究等。

——课题研究的主要途径。一是确定研究的技术路线,把课题研究依据以下思路进行组织(如下图)。二是针对幼儿早操活动生态环境的创设、早操活动形式设计的创新、民间游戏的收集、早操活动生态课程建构等主要问题,采用文献法、观察法、行动研究法、经验总结法等课题研究的方法,开展主题式、园本研讨式、对外交流式等各类研究活动。在活动中归纳总结不同年龄段的幼儿早操活动的内容、方法、策略等。三是重视理论指导实践,在学习理解掌握运用儿童教育理论、生态课程理论、多元智能理论等基础上,积极建构生态的户外早操活动课程体系。

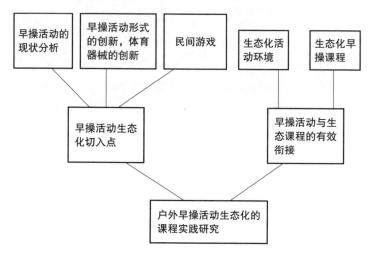

——课题研究的主要成果。一是进一步明确了幼儿早操活动的培养目标,在于发展和锻炼幼儿骨骼、关节及大肌肉群,培养幼儿走、跑、跳、钻、爬、投掷、攀登等基本动作技能,形成健美的体态,同时还发展幼儿柔韧、力量、灵敏等身体素质,培养良好的行为习惯和坚强的意志品质以及集体意识。二是改善并提升了幼儿户外早操活动环境质量,"安全、自然、多元、和谐、动态"良好早操环境为幼儿提供了游戏、活动、锻炼、发现、探索、审美与休闲为一体的早操活动环境。三是针对幼儿户外早操活动存在的主要问题:体育游戏的运动强度问题、体育游戏的心理适宜度问题、体育游戏的具体目标达成问题、体育游戏的安全问题等,探索形成了四大务实策略:"趣味竞赛""情境模拟""器械辅助""智慧创造"。四是改进创新了幼儿园户外体育器械,自制了体育器械共25种300余件,进一步丰富了自主游戏的材料。老师们参加市级、区级自制体育器械评比,其中《舞龙》《抛接球网》《趣味拱桥》等分别荣获一、二等奖。五是结合"好习惯好人生"的办园理念制定并完善了幼儿园小、中、大三个阶段的《幼儿好习惯培养追踪手册》,把幼儿运动习惯作为本园重点培养目标,家园合力促进了幼儿运动良好习惯的养成。六是初步建构形成具有独创性的生态化早操课程。

　　课程目标:以生态化为核心,面向幼儿的全面发展。

　　课程内容:回归幼儿的真实生活。

　　课程环境:为幼儿提供大自然般的户外环境。

　　课程实施:还给幼儿游戏的权利。

　　课程评价:走向真实、系统、多元。

　　《国家中长期教育改革和发展规划纲要(2010—2020年)》的颁布,推进了学前教育的普及,也壮大了幼儿教师的队伍。面对新时期幼儿教育教师人数的增加,如何提高队伍质量,打造一支师德高尚、业务精良、结构合理、活力充满的高素质幼儿教师队伍,使其成为幼儿教育可持续发展的优质资源,是谢家湾幼儿园建园过程中重要的园本建设。五年来,我园坚持"科研兴园""科研强园"的宗旨,人人参与课题研究。我们欣喜地发现:老师的科研意识、科研能力都得到了很大的提升。现在,老师们不再谈课题色变,不再排斥课题,而是主动承担课题研究了。

五、幼儿园教师团队建设的实践操作

海明威说过:"每个人都不是一座孤岛"。在快速变化的今天,一些问题单凭我们个人的力量是无法解决的,但如果几个人携起手来,形成合力,就没有解决不了的困难,这就是团队精神的重要意义。在谢家湾幼儿园团队里,有一句团队口号:没有个人的完美,只有团队的完美,个人的成功不算成功,团队的成功才是真正的成功。《团结就是力量》这首歌也成了幼儿园的教师之歌。

(一)幼儿园园内建设实践操作

全园以教师的"五个一"活动开展进行教师团队的建设:

1.每年一次外出踏青活动

每年的三八妇女节,幼儿园都要组织各种外出活动,赏花、登山、摘草莓等,老师们一起放松,一起游玩。

2.每年一次教师节表彰大会

每年教师节,是老师们自己的节日,幼儿园根据每位员工的优点设置专项奖励,人人都能上台领奖。

3.每年一次新年团拜会

新年团拜会的宗旨:没有个人的精彩,只有团队的精彩。新年团拜会的舞台属于每位教职工。幼儿园将员工分为:小段组、中段组、大段组及后勤组。团队上台表演,人人都是主角。

4.每年一次集体基本功大赛

幼儿园的教师论坛、师德师风演讲、赛课等基本功大赛,除了个人的展现,还有团队的基本功大赛:一是分年段同课异构,二是以班级为单位自制教玩具、主题墙评比、清洁卫生评比等。

5.每年一次团队表彰

一学年近尾声,幼儿园每学年都要评优秀教研组、优秀班级。优秀教研组条件是"二无一多":无离职,无吵架,获奖多。优秀班级评选条件:三个老师合作愉快,班级获奖最多等。每一个到过谢家湾幼儿园的人,都会称赞我们的团队是一个温暖的、向上的集体,因为我们有共同的目标,共同的愿景。谢家湾幼儿园的每一位员工真诚待人,彼此之间互相了解,互相信任、互相支持!

(二)幼儿园园外建设实践操作

以引导教师参加各类赛课与学术交流活动为主。

1.组织教师参加各类比赛活动

为了促进教师的专业发展,建设高素质幼儿教师队伍,提高教学质量和水平,谢家湾幼儿园立足园本教研,开展多种形式的教育教学赛课活动。要求教师从目标制定、内容选择、教学程序、教师基本功等方面进行深入探讨,为所有教师营造一个相互学习、相互交流、不断探索、不断反思的良好互动氛围,促进了教师的专业化成长。一是园外赛课,几年来我园多名教师参加各级赛课均获得一、二等奖。二是园内赛课,结合幼儿园实际情况开展形式多样的赛课活动。如巧妙设计绘本课、游戏化集中教育活动、游戏化的幼小衔接赛课、拼玩游戏赛课、健康活动赛课等,重在帮助老师制定科学的课程教学目标,学习多样化的教学手段,提高课堂组织能力,满足每个孩子的发展需要。三是园内各种活动比赛。在幼儿园,生活就是教育,生活就是课程,赛课不仅仅局限于集中的教学活动,还有半日活动的组织、户外早操活动比赛、主题墙创设评比、活动区创设评比等形式。

2.组织教师参加各类论坛活动

谢家湾幼儿园开办以来,通过园长带领教师参加各类论坛活动,更新了教师的教育观,提高了教师的敬业精神,拓展了教师的专业知识,实现了个体的专业发展,扩大了幼儿园对外的影响。如:李云竹副园长参加九龙坡区园长论坛荣获一等奖;施媛、刘丽老师参加九龙坡区"快乐游戏与幼儿发展"教师论坛荣获一等奖;李莎老师参加九龙坡区师德师风演讲比赛荣获一等奖;李艺杰老师参加九龙坡区幼儿园园本教研论坛交流活动荣获一等奖;潘小英老师参加九龙坡区"中国梦 教师梦"师德师风演讲比赛荣获片区一等奖;张爽老师参加九龙坡区"学习十九大精神"师德师风演讲比赛二等奖等。

3.市区课题:幼小衔接促进幼儿好习惯形成的研究成果

该课题依据《幼儿园教育指导纲要》中:幼儿园应与家庭、社区密切合作,与小学相互衔接,综合利用各种教育资源,结合本园共同为幼儿的发展创造良好的条件"要求,把幼小衔接问题纳入幼儿健康成长的关键问题进行重视。谢家湾幼儿园结合学前教育现实中没有国家层面的幼小衔接教材问题,开展从习惯培养、生活能力培养、教学课程内容调整以及家园共育等几个方面的课题研究。

——课题的选题。幼小衔接是指幼儿教育与小学教育的衔接,处于幼儿园与小学阶段的学童具有不尽相同的身心发展特征,解决好幼儿教育与小学教育的衔接问题,对于促进人的可持续发展,提高教育质量都具有重要意义。本课题着力于培养幼儿学习习惯和生活能力,将各种幼小衔接资源进行整合,使幼小衔接工作更具有效性,把幼儿教育的可持续发展和实现教育的连贯性与整体性纳入课题研究的主要思考之中。

在幼儿园"好习惯　好人生"办园理念的引领下,通过课题研究构建幼儿良好习惯养成体系。

——课题研究的目标。通过课题实践与研究,探索小、中、大三个学段幼小衔接幼儿良好习惯培养的策略及方法;通过师幼互动、家园共育,开发出小、中、大三个学段良好习惯的养成手册;通过整合、优化、创新,开发出幼小衔接的课程资源,形成系列园本课程。

——课题研究的问题。一是幼小衔接中幼儿良好习惯培养,重点培养幼儿的倾听习惯、书写习惯、阅读习惯;二是幼小衔接中生活能力的培养,重点培养幼儿的时间概念、规范整理、交往能力。

——课题研究的主要途径。一是建立"幼"与"环境"的互动关系,创新班级、廊道及各个活动区布置,让幼儿园的每一处环境创设说话,促进幼儿良好习惯的培养和生活技能的提高。如角色扮演区域布置,让孩子在布置的环境中体验小学生的一天这个角色;又如,分小组布置学习氛围,让幼儿感受小组合作、团队互助的精神等。二是建立"幼"与"师"的互动关系,关注幼小衔接内容的有效性"幼小衔接"中应怎样构建师幼间的互动,其关键在于我们到底教什么、如何教。面对今天的幼儿,我园教师加强团队教研和专业学习,使幼小衔接工作如何才能更有意义、更有成效,以满足幼儿的年龄特点和身心发展规律的特点,促进幼儿提早适应小学生活。三是建立"家"与"园"的互动关系,探索"幼小衔接"资源的整合性"家"与"园"的衔接,在幼小衔接中起着至关重要的作用。父母大手牵着小手,是幼儿迈好入学第一步的力量和源泉。帮助家长更新、端正和树立正确的幼小衔接观念,是幼小衔接工作成功的保证。携手为家长提供支持和帮助,形成"家"与"园"的资源互动链,提高幼小衔接的实效性,解决"转折点"问题。四是建立"家"与"园"与"社区"的互动关系,促进幼小衔接体系的连贯性加强幼儿园与小学的互动,充分利用社区内的优质教育资源,创建幼儿园与小学间的互动协作环境,是幼小衔接工作连续性的保证。

——课题研究的主要成果。一是开发了"拼玩游戏"课程资源,课题研究在市教科院李传英博士的指导下开展了"拼玩游戏"的课题研究,设计出59个不同形式、多样化的游戏设计案例,包含表演游戏、建构游戏、音乐游戏、体育游戏、娱乐游戏等多种形式,在生活体验中学习菠菜的整理,感知 b 的发音,在奥运火炬传送中感知 ao 的发音,在区角活动中展示,在美工活动中创造,通过"拼玩游戏"的研究实践。

文化篇(五)
"好习惯 好人生"幼儿文化

一、幼儿文化建设的概述

(一)生物学幼儿

生物学是研究生命现象与生命活动规律的科学。在生物学中,幼儿是指处于3~6岁生长阶段的人类生物体,其生命活动呈现出以下特点:新陈代谢比较旺盛,身体发育不成熟;皮肤非常娇嫩,控制感染力较差;没有生殖能力,缺乏自我保护能力;脑部发育较快,易疲劳;排尿次数多,控制力差;心脏排血量小,负荷力差;个体行走耐力欠缺,手的运动准确性不够;平均身高每年增长4~7 cm(见下表),体重每年增加4 kg左右。

年龄(岁)	男宝宝体重 (kg)	男宝宝身高 (cm)	女宝宝体重 (kg)	女宝宝身高 (cm)
3	13.0~16.4	91.1~98.7	12.6~16.1	90.2~98.1
3.5	13.9~17.6	95.0~103.1	13.5~17.2	94.0~101.8
4	14.8~18.7	98.7~107.2	14.3~18.3	97.6~105.7
4.5	15.7~19.9	102.1~111.0	15.0~19.4	100.9~109.3
5	16.6~21.1	105.3~114.5	15.7~20.4	104.0~112.8
5.5	17.4~22.3	108.4~117.8	16.5~21.6	106.9~116.2
6	18.4~23.6	111.2~121.0	17.3~22.9	109.7~119.6

（二）心理学幼儿

心理学是研究人的心理现象及其规律的科学。在心理学上，幼儿是指处于学龄前期的儿童，此期间儿童的心理发展是一个十分动荡不安同时也是产生质的变化的时期，是人的心理发展的关键期。有人用"不识不知"四个字形容幼儿时期的心理发展，具体表现主要有：认知心理活动上无意注意为主，但有意注意开始形成并不断发展，思维活动由动作思维向直观思维和形象思维转变，个性倾向开始出现。对于幼儿心理发展的指标，有研究者提出以下几个主要的方面：

——语言的发展。词汇量明显增加，增加速度为一生中最快，词汇量可达 3 000～4 000 个，3～6 岁左右自言自语发生率最高，语言连贯性随年龄增大而越来越好，在语言表达的同时还可伴有丰富的面部表情或动作，此阶段利用语言与人交流已没有障碍。

——注意力的发展。学龄前儿童的注意仍然以被动注意占优势，3～4 岁儿童的主动注意时间仅为 10 分钟，5～6 岁儿童也不超过 15 分钟。

——记忆力的发展。无意记忆占优势，有意记忆开始萌发，以具体形象性和机械性记忆为主，抽象记忆相当不足。

——思维的发展。思维明显摆脱了动作的束缚，但仍然离不开实物和实物的表象，儿童往往有丰富的想象力，往往用自己的逻辑和过多的臆想进行推理和判断，得出不正确的结论。

——情绪的发展。儿童的情绪体验非常丰富，成人能体验到的情绪，学龄前期儿童基本上已能体验到，如高兴、悲伤、愤怒、恐惧紧张、害怕等，而且很容易表现在行为上，不像成人那样可以控制自己的情绪。

——性心理发展。学龄前期是儿童发展性别认同和形成性别社会规范行为的关键时期，此期儿童主要通过选择玩具和日常活动内容来反映性别角色。男性在玩具上多选择刀、枪、剑、汽车、坦克等显示"男子汉"气概的玩具，女孩在玩具上多选择布娃娃、小动物等显示文静、爱心的玩具。

（三）社会学幼儿

社会学是系统地研究人类社会行为与人类群体活动规律的学科,在社会学上的幼儿是指正处于社会化初期的人,其生活范围不断扩大,语言表达能力不断增强,自我意识开始产生,能简单理解人与人的关系。从儿童社会学的角度讲,幼儿时期的社会关系在于孩子可以构建同伴关系,也可以建立父母和其他成人在内的客观成人关系。有幼儿园对促进幼儿社会化提出"家庭式混合编班"的方式进行幼儿园的育人活动,表明在现有的家庭结构状况和幼儿园依幼儿年龄编班情况下,"家庭式混合编班"(将垂直对应的大、中、小班各三分之一的幼儿组成一个混合班,班中不同年龄、不同性别的幼儿在自愿的基础上组成一个相对稳定的"小家庭"),为幼儿创造了一个完满的人际结构及和谐的人际关系,幼儿在充满亲情、友情的交际环境中被培养成具有健全人格、完善个性和良好社会化的人。

（四）历史学幼儿

历史学是人类对自己的历史材料进行筛选和组合的科学,历史学以人类社会存在与人类文明现象作为它的研究对象。历史学上讲幼儿是指人成长的某个历史存在阶段和表现的事实,重点是幼儿在幼儿时期值得记载与有价值的教育事实内容。研究历史学幼儿有两个不同的角度:一是幼儿教育的历史记载,如古代的幼儿教育经验与成功的案例,比如司马光、曹冲等古代的幼儿故事对现代幼儿教育的启示;二是现在的幼儿教育中好的经验与好的案例,其历史影响或对幼儿未来发展的一种基础性教育作用,如谢家湾幼儿园提出的"好习惯　好人生"命题。基于历史学谈幼儿的好习惯与好人生,谢家湾幼儿园有如下的研究体会:幼儿教育具有人生教育的基础性、活动性、生活性、文化浸润性等特点,幼儿十大好习惯的培养,特别是针对幼儿生活好习惯、学习好习惯、交往好习惯培养的30项标准的制定,为幼儿的明天发展打下了好的人生基础,让谢家湾幼儿园成为了有品、有形、有趣的幼儿园。

（五）美学幼儿

美学是研究人与世界审美关系的一门学科,美学研究的对象是审美活动。美学上讲的幼儿是指具有审美体验与审美教育内容的幼儿,这个时期的幼儿审美活动开展是重点研究的内容,俗称幼儿美学。幼儿从小就有一种审美的需要,有对于美的一种体验,喜欢身边的人能欢迎自己、关注自己、赞赏自己。因此,美学的幼儿需要加强对于幼儿的审美教育,把它作为一种生活方式,一种独到的眼光,一种人生的表达方式,一种特别的个体体验和感受对儿童进行教育。

二、谢家湾幼儿园的幼儿文化建设实践

1. 总体思考

谢家湾幼儿园把以人为本,促进幼儿身心发展作为幼儿文化建设的指导思想,在幼儿教育的园本建设中重视让智慧灵性实现美好未来的主题文化建设。在对幼儿为本的科学认识上,强调从生物、心理、社会、历史、美学等不同科学角度进行认识与理解,以幼儿园主题实践活动为主线,引导幼儿开展自主观察、探索周围现象和事物,形成了幼儿探究性学习的文化特色,旨在"好习惯 好人生"办园理念下,全面实施培养"3S"小公民。

2. 近年来取得的成效:幼儿获奖

在"好习惯 好人生"办园理念的指导下,在"3S"小公民课程的渗透下,我园幼儿获得了长足的进步和良好的发展势头,在各项比赛中表现出色,好评如潮。

　　2017 年 5 月我园自主创编,幼儿参演的舞蹈《警察爸爸》参加"九龙坡区第一届 CTS 儿童防身格斗比赛"获一等奖,幼儿组第一名。

　　2018 年 6 月我园自主创编,幼儿参演的歌舞情景剧《好习惯　好人生》参加"九龙坡区平安校园建设文艺汇演"获一等奖第一名。

　　我园幼儿在"新时代　好少年"阅读大赛中,低幼组个人节目 1 人获得第一名,1 人获得第二名,2 人获得第三名;幼儿组个人节目 1 人获得第二名,3 人获得第三名;集体节目获得第一名。孩子们在此次阅读大赛中,开阔了视野,增长了知识,激发了阅读兴趣。

　　3. 促进幼儿文化形成的园本实践活动

　　幼儿园主题实践活动是幼儿围绕一个主题进行自主观察、探索周围现象和事物,教师适时适度地予以支持和引导的一系列活动。它的特点是有核心、有主体、有连续性和发展性。除了幼儿在园一日生活中的浸润,环境中的熏陶,游戏中的指导,我园还结合"3S"小公民课程目标,策划实施了系列主题活动、社会实践活动,取得了良好的效果。以 2017—2018 学年为例,一学年开展了大大小小的主题活动、亲子活动多达 56 次。每个活动全园参与,幼儿处处表现出文明礼貌、阳光自信的群体特质。显现出爱运动、勤思考、守规则、会合作等良好习惯。凡到我园参观交流的领导、老师,纷纷点赞我园孩子习惯好,思维活跃,表达能力强;家长们也感叹孩子上幼儿园后变得喜欢看书、喜欢交往了,独立能力增强了;孩子们到社区参加活动,离开时孩子都会主动将小凳子推回原处,好习惯的表现得到社区叔叔阿姨们的点赞。孩子的明显进步得益于幼儿园丰富多彩、目的性强的主题活动,得益于幼儿园"3S"小公民课程的引领。下面举三个方面的案例:

(1)以"会运动"为目标的主题活动。每年春季、秋季的亲子运动会是家长孩子大显身手的好时机。一是秋季开展以"我爱蔬菜瓜果"为主题的亲子运动会,家长们接力跑助威赛,小中大各年龄组开展了胡萝卜接力赛、快乐运白菜、赶土豆回家、亲子滚南瓜、螃蟹抬金瓜、担红薯、运柚子、大蒜投篮、袋鼠运萝卜等比赛项目,既锻炼了孩子的运动能力,又培养了孩子不挑食,爱吃蔬菜瓜果的习惯。二是春季开展"运动自助餐健康总动员"的亲子运动会。预设了 22 项游戏供家长和幼儿体验,完成一项可获得奖券,最后凭奖券可兑换自己喜欢的奖品。在活动中不仅加强了幼儿体能训练,也增进了家长与幼儿的亲子关系,增强了幼儿的集体荣誉感。三是元旦节开展《健健康康迎新年》早操活动比赛,展现幼儿园常态的早操活动,激发幼儿的运动热情,培养了幼儿的运动习惯。四是为了培养幼儿勇敢、坚韧的军人品质,结合小军人课程,在家委会精心组织下,开展户外"童心系国防"三军联合军事演习活动。"少年强则国强,少年进步则国进步。"国防教育从娃娃抓起。通过本次活动,不仅培养了幼儿爱国、爱军的情感,更锻炼了幼儿的意志力、合作力,同时也增进了家长与孩子之间的情感默契,共同体验了一堂生动的国防教育课,得到家长一致好评。

(2)以"会生活"为目标的主题活动。著名教育家陈鹤琴先生说:"生活即是教育"。生活中充分运用幼儿园和社区家庭现有资源,引导幼儿在愉快的体验中获得成功与发展,从而丰富幼儿自身的学习生活经验,培养幼儿自主探究的意识、习惯与能力。

活动一:跳蚤市场来淘宝

——活动设计意图。现在的孩子生活条件优越,家里都有许多玩具,可还是会不断地买新玩具,久而久之也就造成了一些物品的浪费或闲置。如何提高废旧物品的利用率,培养幼儿的理财意识以及节约的良好习惯?如何通过活动锻炼幼儿的胆量和当众表达的能力?我园开展了"跳蚤市场来淘宝"活动,以此丰富幼儿相关方面的生活经验。

——活动目标。通过参与跳蚤市场的买卖活动,引导幼儿在情景模拟和实践中提高实践能力和社会适应能力;在活动中学习与同伴大胆交往;体验公平买卖的乐趣,培养初步的理财意识。

——活动方式。尝试自己设计与制作商品广告,价格标签,学习认识钱币。

活动二:幼小衔接系列社会实践活动 幼小衔接活动之体验轻轨

一大早,家长义工就到幼儿园,和孩子们一起做出发前的整理和准备。在老师的带领下孩子们来到了就近的谢家湾轻轨站,学习如何安全有序地乘坐电梯,了解紧急制动按钮在哪里。进入站台后,轻轨交通的工作人员为孩子们做了专业的介绍:什么是轻轨? 乘坐轻轨时如何自助购票? 如何人工购票? 如何过安检? 过安检时的注意事项……小朋友们都跃跃欲试,激动地开始自己尝试购票、过安检……孩子们学到了不少的知识,独自乘坐轻轨不再害怕了。

幼小衔接活动之我的晚餐我做主

你认识钱币吗? 你知道如何有计划地购买物品吗? 你知道如何付款吗? 别着急,幼小衔接活动之"我的晚餐我做主"活动会一一回应。小朋友们前一天晚上就和爸爸妈妈一起制订购买计划,准备 10~20 元人民币,画出自己打算购买的商品。家长们提醒孩子不能只买自己喜欢吃的蔬菜,还要注意营养搭配。第二天,孩子们就拎着购物袋,兴冲冲地来到了超市购买蔬菜,面对货架上琳琅满目的蔬菜,孩子们兴奋不已,一时不知如何下手了。有的直接选择自己喜欢的食品放到购物袋里;有的拿出计划表仔细对照寻找需要的蔬菜;有的则会关注食品的标价,看看手里的钱够不够……每个孩子对消费都表现出了认真的态度。

在购物过程中遇到困难,孩子们学会及时寻找超市工作人员和带队老师帮忙解决,在询问和交流中完成了这次的自主购物实践活动。回家后孩子们还和爸爸妈妈一起择菜、洗菜,做出美味佳肴。

生活即教育。通过生活化、趣味性的实践活动让幼儿在亲身体验中感受到了生活的乐趣,同时也提高了孩子的独立能力和交往能力,相信在今后的小学生活中孩子们也能不怕困难,更独立、更从容地面对新的生活。

幼小衔接活动之我是环保小卫士

——活动来源。从小培养幼儿养成良好的环保行为习惯,提高幼儿环保意识,形成"人人关心环保,人人宣传环保,人人参与环保"的良好氛围很有必要。为此,谢家湾幼儿园设计开展了幼儿环保主题教育的实践活动。

——活动主题。保护环境,从我做起。

——活动目标。培养幼儿从生活中的小事做起,萌发保护环境、做文明小公民的意识;培养幼儿主动交流、大胆表达的良好习惯;遵守集体活动规则,增强安全意识。

——参加人员。大班组全体师生及家长志愿者、保安、后勤人员、不当班老师。

——环保倡议书。亲爱的小朋友们:环境是人类及自然界所有生物赖以生存的基础。我们要爱护每一片绿叶,爱护每一棵小草,爱护每一朵鲜花。爱护地球,保护环境。因此,让我们成为环境的守护者,我们郑重向大家发起倡议:节约用水,随手关上水龙头,不玩水。节约用电,随手关闭不使用的电灯。节约粮食，不挑食，不剩饭菜。爱护身边环境、公共设施。养成良好的卫生习惯，不乱扔瓜皮果壳，不随地吐痰，不在公共场所乱涂乱画。环境保护需要大家共同行动，努力坚持才能做到，让我们从小事做起，从自己做起，同心协力保卫家园。

——幼儿环保宣传语。叔叔(阿姨、爷爷、奶奶)您好！我是谢家湾幼儿园的环保小卫士×××，环境保护人人有责，邀请您加入我们的环保行动中来，这是我做的环保卡片送给您。谢谢！

幼小衔接之今天我独立——帐篷之夜

大班传统项目——帐篷之夜。很多孩子可能是第一次离开爸爸妈妈，独立生活一晚，很兴奋，孩子们在老师的带领下开始准备工作，一起搭帐篷、铺床铺，自己洗漱、换睡衣，和好朋友钻进小帐篷里，新鲜感、好奇心让孩子们忘记了对家的依念，留在脸上的都是甜甜的笑，听着老师的故事声，愉快地进入了梦乡。老师们晚上轮流巡视，及时给孩子们盖被子，调整睡姿，并将孩子入睡的情况及时告知家长。

清晨，伴随着小鸟的叫声，孩子们陆续醒来，互道早安，美好的一天又开始了。独立活动圆满结束，相信这次难忘的经历会给孩子留下美好的回忆，勇敢、独立的品质伴随孩子一生。

（3）以"会学习"为目标的主题活动

活动一：我是光荣的小学生

此次活动不仅让即将毕业的孩子们近距离了解了小学的学习环境，满足他们的好奇心，更激发了他们对小学生活的美好向往，当小学生的愿望更强烈了！同时在心理上、行为习惯上、知识经验积累上为幼儿做好铺垫，为他们进入小学生活打下坚实的基础。

☆参观小学

☆感受庄严的升旗仪式

☆大队辅导员来了

☆小学老师进课堂

活动二:有趣的"拼玩"游戏

激发幼儿对拼音字母的兴趣,在游戏中感知、探索、积极思维,培养幼儿良好的学习习惯。

活动三:"我是故事大王"迎新年活动

讲故事,从故事中学知识懂道理,是幼儿园启蒙教育的重要形式,也是幼儿园主题教育活动的重要内容。谢家湾幼儿园"我是故事大王"亲子活动正是针对提高幼儿语言表达能力的主题教育活动。

——活动目标。通过讲故事提高幼儿语言表达能力,交流中培养幼儿的自信与勇气;通过亲子讲故事去领悟、去学习人生重要的好习惯;通过亲子活动去营造阅读环境,亲密亲子关系。

——活动要求。内容:讲述故事或表演故事,要求故事内容紧扣"良好习惯"培养,如《爱睡懒觉的噜噜主》(睡眠习惯)、《小狐狸吃糖》(吃零食的习惯)等,短小简洁,便于幼儿表述,有一定的教育意义。每个故事时间控制在 2~3 分钟。

形式:请家长为孩子预先准备一个故事内容,并帮助孩子记熟,配上表情、动作、服装、道具。家长和孩子共同表演,也可以 3 个以下的家庭合作完成,特殊情况孩子独自表演。

评委:各班家委会成员+教师代表,各年级组交替参加。

——活动评选标准。①内容要求:积极向上、健康活泼、富于童趣。②技巧要求:生动富于吸引力,感情充沛,有适当的动作手势。③仪表要求:仪表整齐、仪态大方、体态自然。④评奖设置:"故事大王"占 30%,"故事能手"占 70%。

——环境创设。布置新年喜庆、热闹的活动氛围,制作活动海报。

活动四:谢家湾幼儿园"欢乐国庆周"系列主题活动——浓情中秋欢乐国庆。

"金秋十月秋风爽,花团锦簇国庆来",我们度过了一个快乐而有意义的中秋节,又迎来祖国妈妈六十九岁的生日。谢家湾幼儿园开展了为期一周的"浓情中秋　欢乐国庆"庆祝活动,让幼儿体会到了节日的欢乐氛围,了解了中秋文化习俗;感受到祖国妈妈的伟大,激发了幼儿的爱国情感。

● 国庆活动周之浓情中秋笑开颜　家园共育促成长

9 月 21 日,全园大朋友与小朋友欢聚一堂,共庆中秋节。做灯笼、猜灯谜,教室里都充满了大家的欢声笑语。在"八月十五月儿圆"的歌声中,活动结束了,家长们又齐聚幼儿园会议中心开始了本学期第一期家长学校课堂——"统一家庭教育环境",家长们纷纷表示受益颇多,并期待下一次家长课堂的开展。

● 国庆活动周之消防安全入人心　营养健康我知道

9月27日,各班邀请的大朋友与全班小朋友一起学习了消防安全知识,伴随着急促的警报声,大家快速并有序地进行了消防演练。家长们还观摩了孩子们的进餐环节,孩子们在优美的音乐中安静享用可口、营养的晚餐,良好的用餐习惯让家长们赞不绝口。

● 国庆活动周之科技制作小达人　跳蚤市场乐淘淘

9月28日,孩子们带着自己和爸爸妈妈准备的自制的科技小玩具、闲置的图书、生活用品等开心入园,等待活动的开始。在操场上,大家一起参观了有趣的科技创意展,小朋友们从中了解了丰富的科技知识。参观完科技创意展,小朋友们都迫不及待地"摆起摊",像模像样地"叫卖"起来,家长看着可爱的孩子也帮着"叫卖"起来!

● 国庆活动周之巧手插花真能干　卫生习惯要坚持

9月29日,瞧!各班小朋友正在插花呢!在大朋友们的协助下,一朵朵五颜六色、香气扑鼻的花朵被大家的巧手变成了美丽的艺术品,插花活动在大家的意犹未尽中结束了。随着排队的音乐声,小朋友们排队如厕、盥洗,在游戏中等待晚餐,孩子们守规则、懂礼貌,家长都为宝贝们竖起了大拇指。

● 国庆活动周之祖国祖国我爱您　生日party欢乐多

9月30日,全体师生与部分家长欢聚在五楼活动中心,举行"歌颂祖国"合唱表演。一首首深入人心的歌曲点燃了小朋友的爱国热情,家长评审代表更是为每个班级的出彩表演亮出了满分的笑脸牌。表演结束后,九月份过生日的宝贝和祖国妈妈一起共庆生日,全园师生一起为他们送上了温暖的拥抱和真诚的祝福,宝贝们一个个露出了开心的笑容。

活动五:"书香满园　快乐阅读"系列活动。

谢家湾幼儿园阅读月系列主题活动精彩呈现。阅读是开启孩子智慧的窗,阅读一本好书,能够丰富我们的知识,陶冶我们的情操,点燃我们实现理想的希望之火。

为了让更多的孩子爱上阅读,与智慧牵手,伴随着4月23日"世界读书日"的到来,在春暖花开的四月,谢家湾幼儿园开展了"书香满园 快乐阅读"主题月系列活动。

——专家启动 思想引领。2019年4月1日下午,谢家湾幼儿园2018—2019学年下家长课堂第一期如约开讲啦!本次活动我们诚挚邀请到重庆师范大学学前教育学院瞿亚红教授为家长们举办讲座——《从倾听开始——走进孩子,聊世界!》。讲座上,瞿亚红教授讲述了《3~6岁儿童发展指南》中幼儿语言发展类型及对各年龄段幼儿的倾听要求,并告诉家长们语言教育无处不在,有意识地倾听、懂得倾听、擅于倾听的重要性。并针对促进幼儿口语发展的活动类型以及策略进行了详细的分析和讲解,家长们听得很认真,频频点头,时不时用手机记录下讲解内容。讲座结束后,有部分家长针对自身孩子的情况向教授请教,希望得到指导与帮助,此次活动,家长们觉得收获很大,纷纷表示谢家湾幼儿园的家长学校课堂不仅让他们了解了很多教育知识,而且还让他们更加关注孩子的内心。

——亲子共读 坚持打卡。为了鼓励孩子能积极参加阅读活动,幼儿园发出了亲子阅读倡议书,小朋友们积极参与,每天坚持阅读。家长们大力支持,纷纷在朋友圈里坚持打卡,营造了良好的阅读氛围。

——巧手绘制 阅读小报。一个星期过去了,家长和孩子还一起完

成一份关于阅读的手抄报，记录孩子阅读瞬间、家长感悟、小知识、阅读的好处等！

——故事大王　精彩呈现。一个好的故事，就像一条潺潺流淌的小溪，滋润我们的心田。为了让好故事陪伴孩子的童年，让每个孩子都充分展示阅读成果，鼓励孩子大胆表达，幼儿园特别搭建了多个舞台，于4月28—30日按大、中、小年级组分别组织开展了"我是故事大王"的比赛活动，人人参与讲故事。还邀请家委会当评委，评选出了"故事大王""故事能手"，孩子们拿着奖状，兴高采烈，开心极了！

伴随着"我是故事大王"活动的落幕，谢家湾幼儿园"书香满园快乐阅读"系列活动圆满结束，小朋友们在这个过程中养成了爱阅读的好习惯。

4.家园共育,在生活中培养好习惯

一日生活中的随机教育是最经常、最自然、最有效的一种教育方式。谢家湾幼儿园从幼儿入园的早上开始就高度重视好习惯的培养。一是注重文明礼仪用语的潜移默化影响,要求教师、家长、幼儿都要有文明礼仪的用语;二是在教学中充分挖掘儿歌、故事的教育功能,将各种好行为、好习惯的具体要求创编成儿歌或者故事,让幼儿在听故事、讲故事、唱儿歌、编儿歌的过程中受到教育;三是在幼儿中树立榜样,引导孩子有一双发现美、感知美的眼睛,随时发挥好习惯榜样的示范作用。

(1)常规活动渗透幼儿好习惯培养。

每周一次升旗仪式、国旗下讲话、"3S"广播分享,每天的礼仪小标兵、"3S"的晨间挑战30秒等活动,无一不是在促进幼儿敢于挑战、敢于表达、乐于交流等良好品质的形成。

(2)把家园共育作为重要习惯培养的途径。

①家长学校。我园至2017年开展家长学校以来,深受家长欢迎,《向

幸福出发》《陪伴——给孩子最好的礼物》《让阅读成为一种习惯》等专题讲座让家长们受益匪浅,指导了家长们科学正确的教育观,学习有效的育儿策略方法。

②家长助教。我园开展的"家长助教"半日活动,邀请家长参与幼儿

园的管理,走进班级,来到孩子身边,亲身感受幼儿园每天生活的流程,了解孩子在园的活动及表现,为家园合作提供一个交流和经验共享的机会。这项活动得到了家长们的一致好评,取得了良好的反响。

③家长助力。充分利用《幼儿好习惯培养追踪手册》的教育价值。为了更好地培养幼儿好习惯养成,充分发挥家长的监督管理力量,我园自主研发了大、中、小三个年龄段的《幼儿好习惯培养追踪手册》,从运动、学习、生活各方面梳理出若干好习惯培养点,由家长每天监督执行并评价,周一返回幼儿园教师反馈评价,家园共同鼓励幼儿认真完成各项要求。这项活动的开展有利促进了幼儿好习惯培养的坚持性、持续性、有效性。

第三篇 让爱的文明温暖世界

发 展 篇

　　发展才是硬道理,谢家湾幼儿园关注幼儿的素质教育,重视幼儿健康发展,把"让爱的文明温暖世界"愿景作为幼儿教育的五年发展规划制定依据,结合社会主义新时期五大发展理念,充分呈现幼儿园未来发展的三化:信息化、智慧化、主题育人化。发展的途径主要在于幼儿园良好育人条件的积极创设,引进先进的育人理念,探寻智慧灵性文化新内涵,力求实现"让爱的文明温暖世界"的办园愿景。

"好习惯 好人生"发展篇

深化幼儿教育改革,展望未来,是对于事物发展的可能性进行一种规划与预设,是把幼儿教育的总体发展要求同幼儿园的明天结合在一起。"好习惯 好人生"是谢家湾幼儿园的办园理念,也是展望明天的主要深化内容。教育部提出教育技术决定教育的明天,总体发展是"互联网+教育"的时代到来,幼儿教育的展望,是基于互联网时代的幼儿教育将会发生的深刻变化,是"好习惯 好人生"的互联网时代的规划与预设。

一、互联网时代与教育的改革深化

2018年4月13日教育部关于《教育信息化2.0行动计划》指出:落实立德树人根本任务,因信息技术特别是智能技术的发展,需要积极推进"互联网+教育",坚持信息技术与教育教学深度融合的核心理念,坚持应用驱动和机制创新的基本方针,建立健全教育信息化可持续发展机制,构建网络化、数字化、智能化、个性化、终身化的教育体系,建设人人皆学、处处能学、时时可学的学习型社会,实现更加开放、更加适合、更加人文、更加平等、更加可持续的教育。

1."互联网+教育"

"互联网+教育"是随着当今科学技术的不断发展,互联网科技与教育领域相结合的一种新的教育形式。在现代信息化社会发展过程中,互联网具有高效、快捷、方便传播的特点,在中小学生的学习和生活中发挥着不可替代的重要作用,并成为中小学生学习的好帮手。一方面它有利于提高中小学生上网学习和交流的能力,帮助孩子增长知识、开阔视野、启迪智慧,而且还能更有效地刺激孩子们的求知欲和好奇心,更能有效地养成中小学生独立思考、勇于探索的良好行为习惯。另一方面对于促进学校教育信息化的创新发展,信息技术和智能技术深度融入教育,推动教学改革、优化管理平台、提升教育质量,实现全面教育和培养祖国未来的建设者和接班人有着深刻的时代意义。

——互联网。互联网是将计算机网络互相联接在一起的一个体系,俗称网际网络,或称因特网,始于 1969 年美国的阿帕网。互联网以一组通用的协议相连,形成逻辑上的单一且巨大的全球化网络,在这个网络中有交换机、路由器等网络设备、各种不同的连接链路、种类繁多的服务器和数不尽的计算机、终端等。使用互联网可以将信息瞬间发送到千里之外的人手中,它是信息社会的基础。互联网在现实生活中应用很广泛,如聊天、玩游戏、查阅资料、广告宣传和购物等。互联网上的网络信息获取应用模式可分为网络新闻模式、搜索引擎模式、信息分类模式、信息聚合模式和知识分享模式等,对于教育的课程建设、课堂教学改革、学生的学习方式转变等多个方面都会发挥与时俱进的时代作用。

——全面教育。全面教育是针对全体受教育者的全面发展的教育,全面教育在于其教育的整体性,也就是对于教育者的德智体美劳各个方面的教育,只有教育的整体性才可能实现全面的素质教育,才能全面地贯彻党的教育方针。全面教育的根本是全面发展性,也就是受教育者的伦理、情感、态度、能力、品质等不同的方面都得到较好的发展,学生永远都处于探索和接近真知的过程之中。人的全面发展需要人的体力和智力的充分发展,又落实到人的德智体美劳各方面和谐发展的效果上,与人的片面发展、畸形发展相对应。人的全面发展是马克思主义理论中的一个重要组成部分。

——教育信息化。教育信息化是教育现代化发展的一条重要途径,是信息化技术对于现代教育改革发展的一种渗透与改变。教育信息化有两层含义:一是把提高信息素养纳入教育目标,培养适应信息社会的人才;二是把信息技术手段有效应用于教学与科研,注重教育信息资源的开发和利用。教育信息化的核心内容是教学信息化,如教学手段科技化、教育传播信息化、教学方式现代化等。教育信息化要求在教育过程中较全面地运用以计算机、多媒体和网络通信为基础的现代信息技术,促进教育改革,从而适应正在到来的信息化社会提出的新要求。2018 年 4 月 13 日教育部正式发布的《教育信息化 2.0 行动计划》,标志中国教育信息化时代的到来。教育信息化的技术特点是数字化、网络化、智能化和多媒体化,基本特征是开放、共享、交互、协作。

2. 教育改革资源

资源是人类社会发展所需要的物质、能量、信息等条件,教育资源是指教育发展过程中所占用、使用和消耗的人力、物力和财力资源,也就是教育人力资源、物力资源和财力资源的总和。教育改革资源则是在教育改革与发展过程中需要的物质、能量、信息等条件总和。当前随着大数据、信息网络化技术对于教育改革与发展的影响,教育改革的资源集中表现在了教育信息化资源的优质、均衡问题上。

——教育人力资源。人力资源是一个社会具有的人的智力劳动能力和体力劳动能力总和,包括数量和质量两个方面。教育的人力资源是指在教育活动过程中所具备的或所需要的人的智力劳动能力和体力劳动能力总和。教育的人力资源基本方面包括体质、智力、知识、技能四个方面,具有特质性、可用性、有限性。

——教育物力资源。物力资源是指从事生产经营活动所需的一切生产资料,如土地、厂房、建筑物、构筑物、机器设备、仪表、工具、运输车辆和器具、能源、动力、原材料和辅料等。教育的物力资源是教育活动所需要的生产资料,包括学校中的固定资产、材料和低值易耗物品等。固定资产分为共用固定资产、教学和科学研究用固定资产、其他一般设备固定资产等。

——教育信息资源。信息是对于人和事物的一种表现方式,是与物质、能量同等重要的组成部分。信息资源则是指人类社会信息活动中积累起来的以信息为核心的各类信息活动要素(信息技术、设备、设施、信息生产者等)的集合。教育信息资源,主要表现为教育活动过程中各类影响教育质量的活动要素,如教师和学生的活动信息,课程集中代表的知识信息等。开发和利用好幼儿教育的信息资源,如班班通、组组通、人人通信息技术,对改善教育环境、幼儿好习惯培养起着促进作用。

二、让爱的文明温暖世界的愿景简析

爱是人的情感活动,是人的心理指向喜欢的事物,珍惜某方面的关系,突出人的需要,满足指向正面活动的一种行为。文明是人类进化与发展过程中,人们积累下来的所有财富的总和,可以简单地区分为物质文明和精神文明两大类。爱的文明主要是指人的精神文明中,人的认知和人的行为文明指向爱的教育和爱的思想内容的文明。幼儿教育提出爱的文明,是指对于幼儿的教育思想与行为要建立在爱的情感活动基础上。课程的建设要把握好幼儿与幼儿、幼儿与自然、幼儿与社会三者的正确关系,幼儿教育的所有目标都要集中在儿童的自由生长和自然生态的发展上。爱的文明,有三个方面的内涵:一是幼儿生命活动的尊重、理解方面的认知文明。如幼儿生长发育过程中的个体差异,生命活动的不同生长条件的选择等。二是幼儿教育主体实践活动指导的文明,幼儿是有学习能力的主体,幼儿的实践活动是学习能力增强或提高的活动,对于幼儿教育的所有行为,都要基于幼儿,服务于幼儿,促进幼儿的主体实践活动不断丰富。三是幼儿的素质教育,核心素养的培养在于爱的行为素质和爱的情感素质教育。幼儿园的课程育人,要有爱的文化,如智慧灵性的文化;要有爱的传承内容,如父母的疼爱,社会的关爱,教师的师爱等内容。

1. 爱的文明主要特征

对于爱的描述,主要有三个方面:一是爱有其温暖,有爱的生命和有爱的生活,总是会让人们体会到温暖。温暖是爱的代表,父母给子女的爱首先表现为能为子女提供温暖的物质条件,能带给子女心中的温馨。二是爱有其珍惜,懂得爱的人,一定会珍惜爱的物品和爱的人。人们之所以讲爱,就是为了保存自己的珍惜,爱别人就等于在爱自我,也就是一种思想意识上的懂得人与人的关系。三是爱必有所美好的向往,有爱的人必然会把美好的思绪指向未来,向往美好是人间的大爱或者人们常说的博爱。正是因为爱的三个方面意义,所以关于爱的文明,其特征也有三个方面:一是爱的文明主要是一种认知文明。认知协调,在认知中获得理解与认同,也就是一种爱的文明。幼儿教育中的爱的文明,要遵循幼儿身心发展的规律,科学合理地设置课程,组织幼儿的实践活动,目的在于引导幼儿学习爱的文明。二是爱的文明是一种生存文明。沙特存在主义认为存在就是合理的观点,用到爱的文明上,其实就是人类的生存中需要有爱的存在,没有爱人类将面临生存的危险。幼儿教育中的爱的文明,需要教师、家长、社会为幼儿的生存提供爱的条件,爱的生活内容。三是爱的文明是一种人类美好的行为文明。追求幸福生活,过着有梦想的日子,体验着人类物质文明与精神文明带给人类的进步,就是人类的美好文明。

2. 爱的文明温暖世界意义

谢家湾幼儿园把"爱的文明温暖世界"作为办园的愿景,有多个方面的发展意义:第一方面是在社会主义建设的道路上,有"创新、协调、绿色、开放、共享"五大发展的理念,爱的文明温暖世界符合协调、绿色、共享的发展理念,有着把爱的文明细化落实到幼儿教育立德树人根本任务完成之中的重要理论意义。第二方面是爱作为人类社会的正能量,作为人与人、人与自然、人与未来交流的最有效的方式,从幼儿教育开始,如同点亮幼儿心灵深处的一把"南丁格尔神灯",发挥着照亮幼儿前程的作用。第三方面是爱的文明有着认知协调、行为示范和思想引导的教育作用,发挥爱的文明的教育作用,正是幼儿教育质量提高的重要保障。

三、谢家湾幼儿园深化改革及园本发展思路

幼儿教育是素质教育的重要组成部分,在互联网同教育联姻过程中越来越受到重视。习近平总书记主持召开中央全面深化改革委员会第三次会议,会议审议通过了《关于学前教育深化改革规范发展的若干意见》

（以下简称"深化改革意见"），强调"推动学前教育深化改革规范发展，是党和政府为老百姓办实事的重要民生工程"。为此，学前教育总体上要全面贯彻党的教育方针，遵循学前教育规律，完善学前教育体制机制，健全学前教育政策保障体系，推进学前教育普及普惠、安全优质发展，满足人民群众对幼有所育的期盼。

1. 幼儿教育的深化改革目标

2010 年 11 月，国务院印发《关于当前发展学前教育的若干意见》（简称"学前教育国十条"），明确指出学前教育是国民教育体系的重要组成部分，是重要的社会公益事业。党的十九大明确提出要"办好学前教育""幼有所育、学有所教"。幼儿教育的深化改革目标依据"深化改革意见"，是不仅要"普及普惠"，还要"安全优质"。

——普及普惠。在当前幼儿教育普惠性程度不高，普惠性资源普遍不足，幼儿教师队伍数量不足、素质不高、待遇较低等情况下，加大普惠性幼儿园的建设，解决好幼儿"入园难""入园贵"问题，让公益普惠的学前教育公共服务体系初步形成。

——安全优质。幼儿教育的安全优质是政府的责任，也是社会、家庭和幼儿园的共同责任，全面贯彻党的教育方针，遵循学前教育规律，办好幼儿园，为幼儿创造全面发展、健康成长的教育环境，让幼儿"有园上""上好园"是社会和家庭的责任和义务，也是深化幼儿教育改革的重要目标。

2. 幼儿教育深化改革的举措

一是政策举措，依据"深化改革意见"中关于"健全学前教育政策保障体系"，政府是发展幼儿教育的责任主体，要利用政策杠杆，获取政策"红利"，为普及普惠、安全优质的学前教育发展提供强有力的政策保障体系。二是教师举措，幼儿教育的深化，需要加快幼儿教师队伍的建设，要着力提高幼儿教师热爱幼儿教育事业、教书育人、为人师表、敬业爱生、献身教育事业的整体素质，建立教师考核和表彰制度，加大幼儿园人事制度和分配制度的改革力度。三是课程改革举措，深化幼儿教育的课程改革，必须立足于课程育人，要把"普及普惠""安全优质"作为课程建设的总体要求，以全面贯彻党的教育方针,遵循学前教育规律为课程建设的总体内容,形成具有健康教育理念的主题课程、活动课程和特色课程。四是管理举措,要依据"学前教育国十条"和"深化改革意见",改善幼儿教育管理,按优质安全的标准要求制定完善幼儿园管理规章制度,着力于园本文化建设。五是教育技术举措,对幼儿教育的新技术、新理论、新方法,要尽力而为,充分发挥科学技术对于幼儿教育的生产力作用。

3. 谢家湾幼儿园深化改革的思路

一是园情分析。谢家湾幼儿园原是谢家湾小学附属幼儿园,创建于2005年,多年来一直践行"好习惯 好人生"的办园理念,以"爱的文明温暖世界"作为办园愿景,连续五年被区教委评为办园水平一等奖和"好班子"荣誉称号,连续多年被评为"先进集体",并被认定为一级幼儿园、区示范园。幼儿园拥有一支教育观念新、业务能力强、师德修养好、充满活力的中青年教师队伍,他们不断更新观念,提升保教质量,努力培养具有健康快乐、充满爱心、习惯良好的幼儿群体。然而,在幼儿园的发展过程中,也存在具体问题:幼儿园设施及室内室外生均面积不足,教室寝室配套室不足,功能室简单,室外活动场地塑胶操场残缺,师资队伍素质参差不齐,园本智慧灵性文化与优质课程建设起步较晚,幼儿园规章制度和发展规划方案制定需要提升质量,园本科研能力还需提高。

二是明确目标。多年来谢家湾幼儿园都在"管理科学、师资优化、特色明显、科研兴园"的目标导向上下功夫。现从"普及普惠""安全优质"总体幼儿教育目标上分析,本园深化改革的目标有三个主要方面:一在于提高办园质量,体现为"好习惯 好人生"的育人质量,要建立健全"好习惯 好人生"的课程内容、育人方式、评价指标体系等,在同类型幼儿园的发展中,能有所创新与成果显现。二在于整体素质教育能力的提升,体现为教师队伍整体素质的提高,如教育资源利用能力,现代教育技术掌握使用能力,课程建设能力,对外交流的学术能力等;在办园管理上,园领导班子及教学管理的能力要尽快在政策理解能力、家园共育能力、幼儿户外活动指导管理能力等多方面得到有效的提高。三在于特色园本文化建设,依据幼儿智慧灵性的最新研究成果,结合"3S"小公民课程体系建设的研究成果,把环境文化、课程文化、制度文化、行为识别系统等作为特色园本文化建设的重点。

三是制定方案。幼儿园的未来发展,是分阶段、分步骤、分任务实现的,它需要有具体的发展方案,如指导思想、总体目标任务、分阶段、分步骤、分任务的内容表述等。

——谢家湾幼儿园未来发展的指导思想,是坚定走特色发展、内涵发展、优质优育的道路,是用中国特色的社会主义理论,以"学前教育国十条"和"深化改革意见"为依据,把幼儿教育的"普及普惠""安全优质"总体目标落到实处,实现"让爱的文明温暖世界"的愿景。

——谢家湾幼儿园未来发展的总体目标,是以智慧灵性文化建设为导向,以"3S"小公民课程体系建设为重点,突出"好习惯 好人生"的教育主题,在家园共育、户外体育、幼儿智慧课堂、园本精品课程、教师"好习惯 好人生"榜样作用发挥等方面,实现特色发展、内涵发展、优质优育。

——谢家湾幼儿园未来发展的总体任务,是加快互联网与幼儿教育的联姻,改善幼儿的学习与生活、管理与教学、家园与社会的条件,尽可能实现教育技术改变幼儿教育的时代需求,园本特色和园本育人质量为同行前列。

四是落实实践要求。实践是检验真理的唯一标准,好的规划与方案都需要放到实践中去不断修改与完善。谢家湾幼儿园的未来发展,需要用 5 ~ 10 年的时间,分三个阶段、六个步骤、九个具体的任务去实践。

——发展的三个阶段。2019—2020 年为第一个阶段,是对未来发展的论证及科学方案制定的阶段,本阶段一是全面分析幼儿教育的新形势、新目标、新要求,把握时代发展对幼儿教育的总体发展趋向;二是系统分析"好习惯 好人生"的育人优势与存在的问题,特别是课程与课堂的具体问题,教师素质的问题,"6S"管理机制的建立完善问题等。2021—2023 年为第二个阶段,是对未来发展准备条件,初步实践总结经验的阶段。本阶段一是争取更多的投入,从育人的条件和育人的课程上,提高教育信息化、教育智慧化的水平,用大数据改善幼儿教育教学、质量管理的能力;二是引进先进的教育理论、教育研究项目,加大对于"好习惯 好人生"的基础研究,尽快形成"好习惯 好人生"的研究成果,把研究成果转化为具体的幼儿园办园条件;三是在智慧灵性文化和"3S"小公民课程体系建设上,利用园本教研、园本课程、园本章程建设、园本学术活动等,进行初期的实验,聘请园外专家指导,总结未来发展的好经验、好举措。2024—2029 年为第三个阶段,是对于"好习惯 好人生"全面实践,全面总结,出优质高效的成果阶段。本阶段一是要求有理性认识的提升,要出版专著与发表多项"好习惯 好人生"的研究论文,要有对外宣传交流的经验报告;二是教师队伍及管理队伍具有较高水平的"好习惯 好人生"育人素质与管理能力,整体形象适应新的幼儿园办园质量与办园的对外形象;三是特色文化与品质课堂有好的内容、好的示范、好的评价、好的效果,智慧灵性文化之灵,"3S"小公民课程之质,力争成为市内一流幼儿园。

——发展的六个步骤。发展才是硬道理,然而发展必须是科学发展、可持续发展和有效地发展。谢家湾幼儿园主张主动发展、优质发展和有效的发展,因此未来发展分为六个步骤:第一步是强调全面的质量管理,谢家湾幼儿园的质量就是两个方面:一是"好习惯 好人生"主题的突出,文化育人特色的彰显;二是幼儿园的优质与安全得到有效的保证。第二步是重视聚焦"3S"小公民课程与课堂,教师队伍的建设和幼儿"好习惯 好人生"的活动开展,需要把课程与课堂作为主要的载体,对于教师的能力与素质的评价,对于幼儿成长的主要指标的制定,需要通过课程与课堂去实践检验。第三步是对幼儿教育的思考,在众多的教育原理与方法中,建构起幼儿"好习惯 好人生"培养的可行性、创新性、针对性强的教育原理与方法体系。第四步是采用项目管理,任务驱动式的激励机制,对于骨干教师、研究型教师和幼儿教育学术水平的提高有示范作用的教师,都可以采用这样的激励机制。第五步是优化幼儿园的育人环境,加大数据化、信息化、智能化育人环境的投入,努力在幼儿园的安全优质现代化发展上抢占制高点。第六步是扩大交流与寻求合作共同体,把谢家湾幼儿园"好

习惯 好人生"的做法与经验推广到更多的幼儿园,产生集团与规模效果。

——发展的九大具体任务。相信自我,肯定自我,完善自我,作为办好示范幼儿园,争创市级一流幼儿园的谢家湾幼儿园,在未来的十年中需要努力完成九大具体发展任务:

A.幼儿园"好习惯 好人生"的理论体系及实践操作方案的建构任务,主要采取专家指导,园本科研与课程体系建设途径完成。

B.幼儿园智慧灵性教育特色文化建设任务,主要通过对中外现行的智慧研究成果,结合教育的三个面向,特别是教育现代化的要求,构建形成智慧灵性文化发展规划纲要。

C.幼儿园优质环境建设任务,主要是幼儿户外体育运动条件改善,以及家园共育活动开展的智能化、生活化环境条件的创造。

D.幼儿园骨干教师,特别是有示范性、引领性、品牌性教师的培养任务,主要是针对中青年教师,特别是有主动发展意识,有个人特长与幼儿教育理想的教师培养活动的组织与管理。

E.幼儿园研究开发机构组建与团队作用最优化的作用,主要是挖掘发现对幼儿园"好习惯 好人生"培养的有志之士、有为志士、有识之士。

F.幼儿园课程开发利用及特色课程建设的任务,主要是"3S"小公民课程中特别适合幼儿好习惯培养的课程开发与利用,以及代表谢家湾幼儿园未来发展指向性、创新幼儿教育新观念、新标准、新方式的课程建设任务。

G.幼儿园形象识别与对外宣传交流任务,主要是"好习惯 好人生"的园歌、园徽、园网、园博、园数据库、园旗、园形象、园规等方面任务的确定与完成。

H.幼儿园分配管理与园本奖励机制建立的任务,主要是结合幼儿园发展新的分配方案和先进教师、学生、家长、社区机构、专家等对于幼儿园发展做出贡献的分配奖励制度等任务。

I.幼儿园规模化发展与集团性建设的任务,主要是幼儿园立体化建设任务,幼儿园合作共同体关系建立,以及优质资源如何发挥作用,提高办园政治、经济、文化效益的任务。

四、关于幼儿智慧文化教育的思考

中国古代文化中有关于智慧文化的传统,智慧是生活的艺术,智慧是人聪明才智的体现。随着社会的发展和科技的进步,现阶段科学技术发展对构建智慧文化云提供了有力支持:"互联网+"技术、移动端的广泛应用,更方便现代人获取知识,组织参与文化活动。智慧文化教育是现代教育发展的一个必然趋势,它提供的教育信息资源的共享服务平台、远程教学平台、教育档案信息系统、教育协同管理系统、平安校园系统、家校互动平台、文化信息资源共享平台等,为教育传承文化,创新文化打下了良好的基础。谢家湾幼儿园在未来五年的发展中,把智慧灵性文化建设作为一个发展重点,着力构建幼儿教育的智慧文化。总体设计上有四个方面:

①加快园本网络化的进程,形成幼儿园互联网办园与全程育人活动的管理,开设云课程与云教育活动,组织教师提高网络教育能力。

②引进智慧文化建设资源,主动参与市区幼儿教育云课堂的建设,提倡幼儿园教师参加各类智慧文化建设活动。

③大力推进"互联网+幼教"的课题研究活动,申报市级以上科研课题研究,形成相关的幼儿教育研究成果。

④全园实现数据化管理,开设家园共育、园与园之间的数据传输新途径。

参考文献

[1]《国家中长期教育改革与发展纲要(2010—2020 年)》

[2]《幼儿园教育指导纲要》

[3]《关于全面深化课程改革落实立德树人根本任务的意见》

[4]《关于学前教育深化改革规范发展的若干意见》

[5] 鲁忠群.幼儿园精细化管理的探索[J].宁夏教育,2011(6):32-33.

[6] 尹立业,初晓玲.浅谈幼儿园的精细化管理[J].中国教育学刊,2010
　　(A2):22-24.

附　件

附件1

重庆市九龙坡区谢家湾幼儿园章程

（本章程于 2016 年 12 月 20 日经教职工大会讨论通过）

序　言

重庆市九龙坡区谢家湾幼儿园创建于 2005 年,占地面积 898.1 m^2,建筑面积 4 551.14 m^2。属原谢家湾小学幼儿园,2014 年 7 月,幼儿园从谢家湾小学剥离,成为重庆市九龙坡区教委直属公办园,正式更名为重庆市九龙坡区谢家湾幼儿园。重庆市一级幼儿园、重庆市九龙坡区示范园、重庆市九龙坡区先进集体、重庆市九龙坡区平安校园、重庆市九龙坡区家长学校、重庆市九龙坡区卫生保健先进单位等。

幼儿园在"好习惯　好人生"办园理念的引领下,深入践行"让智慧的灵性实现美好未来"的办园文化,始终把孩子健康快乐地成长作为一切工作的出发点和归宿,从环境文化、管理文化、课程文化、教师文化和幼儿文化等方面文化育人。

第一章　总　则

第一条　为规范幼儿园内部管理体制和运行机制,推进幼儿园依法治园,建设现代化幼儿园制度,根据《中华人民共和国教育法》《中华人民共和国教师法》《中华人民共和国未成年人保护法》《幼儿园管理条例》《幼儿园工作规程》《全面推进依法治校实施纲要》等有关法律法规与规定,结合本园实际,制定本章程。

第二条　幼儿园名称:重庆市九龙坡区谢家湾幼儿园,简称:谢家湾幼儿园,英文简写:xiejiawan kindergarten;注册地址:重庆市九龙坡区谢家湾正街 98-6 号;幼儿园公开网址:http://cqxjwyey.cn;学校邮编:400050。

第三条 本园由重庆市九龙坡区教育委员会创办,经重庆市九龙坡区事业单位登记管理局登记,是具有法人资格的办学机构,独立承担民事责任。园长为法定代表人。本园是一所实施 3~6 周岁幼儿教育的全日制公办幼儿园,幼儿园开办资金 1 018 万元。

第四条 本园面向本区范围招生,招生对象为 3~6 周岁学龄前儿童。办园规模:大、中、小三个年龄段 12 个班,每个年龄段 4 个班,班额以国家规定的标准执行。

第五条 办园文化

办园理念:好习惯 好人生

主题文化:让智慧的灵性实现美好未来

行为艺术:天天快乐 健康成长

愿景目标:让爱的文明温暖世界

教师文化:真诚 敬业 阳光 务实

办园目标:促进幼儿身体正常发育和机能的协调发展,增强体质,培养良好的生活习惯、卫生习惯和参加体育活动的兴趣。发展幼儿智力,培养正确运用感官和运用语言交往的基本能力,增进对环境的认识,培养有益的兴趣和求知欲望,培养初步的动手能力,使幼儿逐渐形成文明有礼、大胆表达、喜欢阅读、热爱生活的群体特质。

第六条 本园标识

园标:祥云象征"天地人和",燕巢象征温暖的家,凸显本园的"家文化",燕子象征着小朋友们健康快乐地飞翔,采用写实的设计手法体现童真、童趣。

园歌:《好习惯 好人生》

第二章 组织机构和管理体制

第七条 本园实行园长负责制。园长是幼儿园的法定代表人,对外

代表幼儿园,负责幼儿园的全面工作。园长按照本章程自主管理幼儿园,
依法行使上级教育主管部门授予的权利,接受教育行政部门的评估、检
查、审计和监督,接受幼儿园教职工代表大会的监督。

园长依法行使行政事务决策权、人事聘用决定权、财务基建审批权、
教育教学管理权、奖惩评价权,以及教育行政部门、校务委员会授予的其
他权利等主要职权。

园长由重庆市九龙坡区教育委员会聘任。副园长协助园长做好管理
工作,分管幼儿园教育教学、安全、后勤等具体工作。

第八条 按照规定建立中国共产党支部,幼儿园充分发挥党支部的
政治核心作用。加强领导班子建设和后备干部的考察、培养,加强教职工
队伍的建设和师德教育,保证、监督幼儿园行政工作的正常运行。

第九条 本园成立以教师为主体的教职工(代表)大会,保障教职工
参与本园的民主管理和监督。教职工代表听取并审议幼儿园工作报告、
园务公开报告、工会工作报告、财务工作报告;审议幼儿园的发展规划、改
革方案以及涉及教职工切身利益的方案、制度,并提出相关意见及合理化
建议。教职工(代表)大会每三年一届,每学年至少召开一次会议。

本园成立工会组织,工会作为教职工代表大会闭会期间的工作机构,
负责教职工代表大会日常工作,保障民主管理、民主监督的落实,维护教
职工的合法权益。

第十条 本园设有人事、后勤与安全、保教 3 个中层管理机构,分别
承担相应的管理职能。各职能部门各司其职、团结合作,提升管理效能,
确保各项工作任务圆满完成。

(一)人事处负责全体教职工职称、岗位、工资等的变动调整,办理有
关人员调入、调出、退休手续;进行法人证书、组织机构代码证的验证、变
更;进行各类年报、表格的上报;进行各类系统的信息录入;进行相关文件
的整理归档等。

(二)后勤与安全保卫处负责幼儿园食堂、教室、保健室的管理,负责
校舍、经费、财产、设备的供应、保管和维修,负责落实幼儿园安全稳定防

范措施;协调处置安全稳定重大事件;负责幼儿园社会治安综合治理等工作,为教育教学提供后勤保障服务。

(三)保教室负责组织教师学习教育科学理论、科研方法和教育科研知识,普及教育科研基本知识与方法,指导教师开展课题研究和总结经验,组织开展各种交流活动,不断提高教师教育科学研究的能力。组织园级科研课题的申报、论证、立项、检查、成果评审和推广。定期开展教科研成果和教师优秀论文的评比、推荐活动,定时刊发园刊等。

第十一条 园长定期召开园务会议,成员由园长和中层干部组成,必要时部分教职工列席参会。会议就幼儿园的发展建设、中心任务和其他重要行政工作执行情况进行分析、研讨,制定落实可行性方案;听取各行政室的工作汇报,布置阶段工作任务,由园长召集并主持园务会议审议,经集体讨论,由园长作出决定并组织实施。

第十二条 本园建立园务委员会,园务委员会由园长、中层干部、工会主席、教师代表、财会人员等代表及家长代表等组成,参与制定、审议幼儿园章程、发展规划、工作计划和其他规章制度等重大事项,为园长的办园决策提供依据。

第十三条 幼儿园建立健全重大事项决策制度。幼儿园重大事项应在党政主要负责人提议、充分调研与征求意见的基础上,由本园园长召集并主持园务会议审议,经集体讨论研究决定并组织实施。

第十四条 本园实行园务公开,切实保障教职工的知情权、参与权和监督权;同时向社会公开幼儿园相关信息,以适当方式为家长了解幼儿个性发展、在园表现等提供便利,接受社会、家长的监督。

第十五条 幼儿园健全权益保障制度,保障幼儿和教职工的合法权益。建立健全园内申诉制度,成立园内民主调解小组,明确受理幼儿和教师申诉的部门和程序。

第十六条 幼儿园依法接受教育以及其他政府、审计等相关管理部门的监督,接受社会、家长的监督,定期听取社会各界对幼儿园工作的意见和建议。每年接受区教育督导室组织的年度办园水平综合考核评价。

第三章 幼 儿

第十七条 本园按照免试入园原则,招收年满 3 周岁的适龄儿童。幼儿园按照市、区教育行政部门有关幼儿学前教育学籍管理的规定实行学籍管理,依法办理幼儿转园等手续。凡按有关规定被幼儿园录取或转入的幼儿,即取得幼儿园的学籍。

第十八条 幼儿享有下列权利:

(一)参加一日保育教育计划安排的各项活动,使用幼儿园保育教育设施设备、图书资料和玩具;

(二)在情感、态度、能力、知识、技能的发展上获得公正评价;

(三)享受平等的学习与发展机会;

(四)对幼儿园、教职工侵犯其合法权益,通过监护人依法提出申诉或者提起诉讼;

(五)法律法规规定的其他权利。

第十九条 幼儿应当履行下列义务:

(一)遵守法律、法规,维护幼儿园声誉;

(二)遵守幼儿园的行为规范,尊敬师长,养成良好的个性品质和行为习惯;

(三)参与幼儿园各项活动,在集体活动中与同伴友好交往;

(四)遵守本园的有关管理制度。

第二十条 幼儿园根据幼儿实际情况,对幼儿实施综合素质评定,激励和引导幼儿不断进取,有效促进幼儿全面发展。

第二十一条 幼儿园对符合入学条件而家庭经济条件困难的学生,通过助学金等形式提供资助。

第四章 教职员工

第二十二条 本园教职工由教师、保育员、医务人员、事务人员、炊事员和其他工作人员等组成。

第二十三条 幼儿园根据编制部门核定的编制数额、人社部门规定的岗位任职条件和核准的岗位设置数及教育行政部门、幼儿园的相关规定聘用教职工,签订聘用合同,对聘用人员实行岗位管理和绩效工资制度。幼儿园依法实行幼儿园用人制度,教师、保育员、医务人员等均须具备相应任职条件。

第二十四条 本园依法建立教职工考核制度,对教职工定期进行考核,考核结果作为续聘或者解聘、奖励或者处分的依据。

第二十五条 本园教职工除享有法律法规等规定的权利外,还享有以下权利:

(一)进行教育教学活动,开展教育教学改革和实验;

(二)参加教育教学科研、学术交流,参加进修或者其他方式的培训;

(三)指导幼儿的学习和发展,评定幼儿的品行和能力;

(四)按时获取工资报酬,享受国家规定的福利待遇以及寒暑假的带薪休假;

(五)通过教职工(代表)大会或其他形式参与学校管理,对幼儿园工作提出意见和建议;对幼儿园重大事项有知情权;对不公正待遇或处分有申诉权;

(六)使用幼儿园设施设备、图书音像资料及其他教育教学用品。

第二十六条 本园教职工除履行法律法规等规定的义务外,还应履行下列义务:

(一)遵守法律法规和职业道德,为人师表;

(二)遵守规章制度,认真履行职责,完成教育教学工作任务;

(三)关心、爱护全体幼儿,尊重幼儿人格,促进幼儿身心和谐发展;

(四)严格执行幼儿园安全、卫生保健制度,配合保育员管理本班幼儿生活,开展安全健康常识教育;

(五)经常与幼儿家长保持联系,开展家庭教育指导,共同做好幼儿教育工作;

(六)制止有害于幼儿的行为或者其他侵犯幼儿合法权益的行为,批

评和制止有害于幼儿健康成长的现象;不断提高思想政治觉悟和教育教学业务水平;

(七)定期向园长汇报,接受其检查和指导。

第二十七条 本园健全教职工的权利保护机制,维护教职工合法权益。

第五章 教育教学与特色发展

第二十八条 幼儿园的课程设置要遵循幼儿教育规律,遵循课程改革的原则,以幼儿发展为本的课程理念全面安排共同性课程和选择性课程。贯彻国家课程、地方课程和幼儿园课程三级管理的政策,认真执行国家和地方课程计划,积极开发园本课程,形成适合本园课程体系。

第二十九条 本园"3S"小公民课程体系

(一)"3S"小公民课程理念

幼儿园以"好习惯 好人生"办园理念为引领,确立"做中玩、玩生慧"的课程理念。幼儿的"做"在于形成良好的学习习惯、生活习惯、运动习惯等;幼儿的"玩"在于启迪幼儿的智慧灵性,为幼儿终身学习打下良好的基础。

(二)"3S"小公民课程设计

课程建设既要面向幼儿全体,更要关注幼儿的个体差异;既要培养幼儿的学习能力,更要关注幼儿的好习惯培养;既要关注幼儿身体健康,更要关注幼儿的灵性开发。具体到课程的建设上,一要有面向全体的国家规定的多元智能主题课程;二要有关注幼儿个性发展的选修课;三要有培养幼儿动手能力的坊课程;四要有培养幼儿爱国情怀的小军人课程;五要有培养幼儿思考习惯的"拼玩"游戏活动等。

1.课程目标

——幼儿发展目标。课程育人着力培养"3S"小公民。"3S"即:会运动(Sport)、会学习(Study)、会生活(Survival)。

(1)会运动(Sport):具有运动兴趣、掌握运动技能、形成阳光性格。

（2）会学习（Study）：习惯良好、自主探究、自信表达。

（3）会生活（Survival）：安全地生活、独立地生活、友好地生活。

——教师发展目标。更新教师教学观念，增强课程意识，提高课程开发力、执行力、反思力。教师由课程执行者变为园本课程的研发者，促进教师专业化发展。

——幼儿园发展目标。促进幼儿园内涵特色发展，建构起幼儿园特有"好习惯　好人生"的理论实践体系。

2. 课程内容

幼儿园"3S"小公民课程体系由基础课程和拓展课程组成。基础课程：多元智能主题课程+坊课程；拓展课程："拼玩"游戏课程+小军人课程。

第三十条　本园遵循全面性、发展性、动态性、客观性的原则，开展幼儿发展评价工作，并建立幼儿成长档案。

第三十一条　幼儿园组织教师开展教学改革，借鉴国内外先进教育理论，积极探索符合素质教育要求的各种教学模式，满足每个幼儿对安全与健康、关爱与尊重的基本需要，并为幼儿提供平等的学习与发展机会；与幼儿阶段的学习特点与身心发展水平相适应，激发幼儿积极、主动地学习；尊重幼儿学习与发展的个体差异，体现个别化教育，努力提高教育教学质量。

第三十二条　本园严禁教职员工体罚和变相体罚幼儿。

第三十三条　本园使用普通话和规范汉字，引导幼儿用普通话表达自己的想法。

第六章　幼儿园与家庭、社区

第三十四条　本园主动与社会、家庭保持联系沟通，构建幼儿园、家庭、社会三位一体的育人体系，形成教育合力。本园也将根据需要，聘请专家引领教师的教育教学工作，同时将开展"走进社区""家长助教"等工作，积极利用社会和家长的教育资源开展教育教学工作。

第三十五条　本园建立与家长的日常联系机制，指导家长正确了解幼儿园保育和教育的内容、方法,定期召开家长会议,并接待家长的来访和咨询。通过本园教育微信、幼儿园网站、班级 QQ 群、班级微信群等平台和途径密切联系家长。细致做好家访、家长义工、家长半日开放活动等工作,形成家园教育合力,促进幼儿健康成长。

第三十六条 本园按照一定的民主程序,本着公正、公平、公开的原则,在自愿的基础上,组织家长选举组成家长委员会。本园为家长委员会开展工作提供必要的条件,保障家长委员会在本园的指导下履行参与幼儿园管理、参与教育工作、建立幼儿园与家庭之间的沟通等职责。做好保障幼儿的安全健康、化解家园矛盾等工作。

第三十七条 本园加强同社区的联系与合作,宣传幼儿教育知识;主动接受街道和社区的指导,主动向街道汇报工作,支持街道和社区开展有益的文化体育活动,争取社区支持和参与本园建设。

幼儿园依托社区,开发社区教育资源,开展社会实践活动,为幼儿创造服务社区和实践体验的机会。通过加强内部建设,树立良好的公共形象,在相应区域内发挥积极作用,依靠街道、社区、公安、城管、交警、消防等共同开展幼儿园及周边环境地区的综合治理工作,共建平安文明校园。

第三十八条 本园根据全市学前教育均衡发展的需要,开展园际帮扶工作,以发挥本园的示范辐射作用。按照教育主管部门相关工作布置,积极开展对外交流活动,以拓展教育视野,提升办园水平。

第七章　幼儿园资产与财务

第三十九条 本园开办资金为人民币 1 018 万元,幼儿园办园经费由九龙坡区人民政府财政全额拨款。

本园建立健全财务管理制度。本园财务工作在园长领导下开展,实行民主管理和财务公开;执行国家统一的会计制度,配备具有专业资格的会计人员,依法进行会计核算,建立账目,落实专人管理,定期清点,及时做好变更、增减手续。建立健全内部会计监督制度,保证会计资料合法、真实、准确、完整;依法向上级教育行政部门提出年度预算安排意见,经批準后执行,并接受上级教育行政部门和财政、税务、审计、监察等相关职能部门的监督。

第四十条 本园严格执行国家收费政策,规范收费行为,按照物价部门确定的项目和标准收费,各项收入按照有关规定严格管理,行政事业性收入实行收支两条线管理,向社会公布收费项目和经费收支情况,接受社会监督。

第四十一条 幼儿园资产受法律保护,任何单位、个人不得侵占、私分和挪用。健全财产、物资管理制度,本园对侵占园舍、场地、设施等的行为和侵犯幼儿园名称权及无形资产的行为,应积极履行国有资产管理职责,依法追究侵权者的责任。对幼儿园财物造成损坏的应当依法赔偿。

第四十二条 本园依法接受社会各界的捐赠,建立健全受赠财产的使用制度,加强对受赠财产的管理并接受社会监督。

第八章 附 则

第四十三条 本园建立健全本章程统领下的幼儿园各类规章制度体系:教育教学、卫生保健、幼儿管理、教职工管理、财务管理、后勤管理、安全管理制度以及各种办事程序、各种内部组织的组织规则、活动程序、议事规则、应急管理制度、规章制度的立、改、废均依照民主程序进行。

第四十四条 本章程未尽事宜按照法律法规及上级文件政策执行,如有抵触,以法律法规及上级文件政策为准。

第四十五条 本章程在制定过程中广泛征求、吸纳各方意见,经幼儿园教代会讨论,园长办公会审定,由园长签发,报重庆市九龙坡区教育委员会核准后生效。

第四十六条 本章程的修订需由本园行政部门按教育主管部门文件精神及幼儿园实际情形提出,由园务委员会或教职工(代表)大会成员提议方可进行,经教职工(代表)大会审议通过,报重庆市九龙坡区教育委员会核准后生效。

第四十七条 本章程由学校行政办公室负责解释。

137

附件 2

开展幼儿"好习惯"养成教育，促进办园品质提升结题报告

九龙坡区谢家湾幼儿园自 2014 年从谢家湾小学剥离出来，为了完善幼儿园文化体系，以内涵发展为核心，进一步提高我园的办园品质，积极报名参加了《区域基础教育薄弱学校改革发展策略研究》课题组的研究活动。结合我园发展愿景，确定子课题《开展幼儿"好习惯"养成教育，促进办园品质提升》以来，我园从幼儿园调研入手，通过学习培训、环境创设、教学研究、生活培养、大型活动促进、家园共育等方式全面开展幼儿好习惯的培养，发动全园教师积极参加教科研活动，群策群力，通过一系列扎实的基础工作，取得了良好的效果。现将课题开展情况做以下汇报。

一、从调研入手，确定习惯培养目标

陶行知先生曾说过："凡人生所需要的习惯，倾向态度，多半可以在六岁以前培养成功。"从哪些习惯培养入手呢？我们开展了问卷调查。问卷分为两个部分，第一部分包括我与自己、我与他人、我与社会三个方面的客观选择题；第二部分包括"幼儿如何在家养成其他良好习惯"以及"家长期望幼儿在幼儿园养成怎样的良好习惯"两个方面的主观问答题。经过对有效问卷的收集整理，统计得出以下数据：

我与自己	您的孩子能否做到早睡早起			您的孩子能否安静愉快地进餐，不剩饭			您的孩子能做到饭前便后勤洗手吗		
评价	能	在家长提醒下能	不能	能	有时能	不能	能	有时需要提醒	不能
小班	25%	71%	4%	23%	67%	10%	27%	60%	13%

续表

我与自己	您的孩子能否做到早睡早起			您的孩子能否安静愉快地进餐，不剩饭			您的孩子能做到饭前便后勤洗手吗		
评价	能	在家长提醒下能	不能	能	有时能	不能	能	有时需要提醒	不能
中班	21%	77%	2%	26%	64%	10%	45%	45%	10%
大班	34%	60%	6%	45%	48%	7%	42%	56%	2%

我与他人	您的孩子会主动使用文明礼貌用语吗			您的孩子与同伴相处时的表现			当成人与您孩子谈话时，您孩子的表现是		
评价	会	有时会	不会	友好相处	偶尔会发生冲突	经常发生冲突	注视谈话对象	左顾右盼或摆弄东西	走来走去或做自己的事情
小班	63%	37%	0%	67%	33%	0%	39%	50%	11%
中班	62%	36%	2%	55%	41%	4%	60%	34%	6%
大班	66%	34%	0%	54%	46%	0%	70%	25%	5%

我与社会	您的孩子犯了错，您批评他（她）时，他（她）会			您的孩子做事遇到困难时的表现			您的孩子在公共场所能自觉遵守秩序吗		
评价	主动承认错误	顶嘴找借口	大哭或沉默	自己想办法解决	向成人寻求帮助	尝试几次后放弃	能	有时能	不能
小班	50%	21%	29%	22%	76%	2%	81%	19%	0%
中班	70%	15%	15%	33%	67%	0%	70%	30%	0%
大班	60%	24%	16%	22%	73%	5%	78%	21%	1%

从上面的图表中可以看出，在生活习惯方面，由于不同年龄段的孩子身心发展规律与年龄特征的差异，因此在同一问题中的表现有所不同。幼儿期思维正处于自我中心阶段，还不善于彼此交往，因而在他们相互交往或游戏中常常由于动作或观点的不同而发生争执和冲突。幼儿在与他人交往中，60%以上的幼儿都能主动地使用文明礼貌用语，在与人谈话

时,中大班超过 60% 的幼儿都能做到尊重别人。我们不仅要了解幼儿的年龄特征,还应遵循每个幼儿的差异化发展。通过家长问卷调查,梳理出幼儿更多良好行为习惯的培养点,提出了有参考性的建议和良好行为习惯养成的有效方法。如懂得与别人分享物品,做错事会主动道歉,主动拥抱亲人等,这些习惯养成需要在平时生活中正面引导,反复教导。

二、加大教师学习培训力度,以身作则为榜样

组织全园教职工认真学习《幼儿园指导纲要》和《3~6 岁儿童发展指南》,帮助老师们进一步了解不同阶段幼儿发展的水平,以及幼儿行为习惯上的目标要求。通过教研组活动,分层拟出幼儿一日生活中的习惯点,做到教师心中有目标,行动有准则,教育有方法。

邀请深圳"五月花"礼仪培训公司的老师到我园进行为期两天的礼仪培训,老师们利用周末休息时间,认真学习了教师着装礼仪、接待礼仪、生活礼仪、教学礼仪等,提高了教师队伍整体素质。

我园还邀请北京"六加一"教育咨询中心的老师到我园指导工作,重点从孩子生活活动中找到行为习惯培养点,定点反馈幼儿情况,集体研讨解决存在的问题。

三、让环境成为好习惯培养的隐性课堂

我园通过环境创设,让"好习惯 好人生"的教育理念深入人心。在环境创设中,发动家长、孩子收集材料,老师们加班加点制作了多达三十几种材料的触摸墙,有木质、金属、塑料、棉质、纸质等,培养孩子敢于探索的好习惯;通过师生一起用轻轻泥制作各国国旗,布置"让爱的文明温暖世界"主题墙,培养幼儿感恩的情怀;利用幼儿园边角开辟种植园,培养幼儿对大自然的热爱以及观察习惯,劳动习惯;让每位小朋友的作品上墙,定期更换,激发幼儿自信心,提高艺术欣赏水平。家长们每次来园参加活动,孩子们都自豪地介绍:"这是我的作品"。此外,幼儿园的环境创设无处不投射着幼儿良好习惯:楼梯处"走路轻轻 说话轻轻"的提示语,植物

角的温馨提醒,各个功能室、教室张贴的公约等。

四、课程设置、生活教育中促进幼儿好习惯培养

在教学活动中,除了国家课程包括的健康、科学、社会、语言、艺术五大领域的课程外,我园还开展了礼仪教育、生活教育等特色课程。每周二、三、四下午为幼儿开设了小主持人、跆拳道、机器人、尤克里里、非洲鼓等二十几项园本课程。幼儿在形式多样的教学活动中总是大胆表现、充满自信、独立思考、勇于创造、勤学好问、积极探索。

在一日常规活动中,幼儿入园时,热情主动地向老师、小伙伴问好、拥抱;晨间户外活动时,幼儿积极参与坚持锻炼;盥洗时,幼儿有序地排队洗手;早餐中,幼儿能够安静进餐并收拾整理自己的桌面;在午睡时,幼儿能够保持正确的姿势按时入睡起床,并自己穿脱衣服;在与老师交往中,幼儿大胆表达自己的想法,学会双手递接物品;离开自己座位时把椅子归位,并时常做到物归原处等。

五、开展丰富多彩、形式多样的大型活动促进幼儿好习惯培养

我园每月一次亲子活动,每月一次集体生日 Party,每周一次升旗仪式、朵朵广播,每天的礼仪小标兵。通过这些丰富多彩、形式纷呈的大型活动来促进幼儿好习惯培养。在主题活动中,通过"健康户外 快乐成长"元旦活动,培养幼儿坚持锻炼的习惯;通过"送福迎新""走进社区""关爱女性健康,关注宝宝成长"等活动,培养幼儿关心他人、善于交流、双手递接、主动使用礼貌用语的习惯;通过"欢欢喜喜过新年"、参观小学、防拐骗演练、防火灾、防地震演练,培养幼儿爱国爱家、文明集会、安全自护的习惯;通过"积极向上、快乐成长"开学第一课的活动,培养幼儿乐学善思的习惯;通过"寻找春天""我是环保小卫士"送卡片的活动,培养幼儿爱护环境、大胆表达的好习惯;通过"相约三月 百花争艳"活动,培养幼儿学会观赏、爱国爱家的情感;通过"超市购物"活动,培养幼儿做事有计划、遵守公共秩序的好习惯;通过"乘坐轻轨"活动,培养幼儿文明乘车、右行

礼让、先下后上的好习惯。

六、家园共育,携手巩固幼儿好习惯培养

家长是孩子的第一任老师,家长的榜样作用对孩子习惯培养起着决定性的作用。所以引导家长科学养育、有效培养孩子的好习惯也成为我园义不容辞的责任。我园每期召开家长会,目的就是引领家长更新教育观念,转变教育思想;每月一次亲子活动,让家长看到孩子在幼儿园"好习惯 好人生"教育理念下所取得的进步,近距离了解孩子成长中表现出的不足之处,进而有针对性地帮助幼儿成长;每月开展家长学校活动,通过专家讲座、情境互动提高家长的育儿水平。

七、主要研究成果及其应用情况

我园在《开展幼儿"好习惯"养成教育,促进办园品质提升》课题研究开展以来,在区教委、区进修学院领导的关怀下,在家长们的大力支持下,通过谢家湾幼儿园全体师生的共同努力,课题研究已初步呈现出以下三个方面的成效。

1. 获得专家认可

以《指南》为准则,结合我园幼儿发展的水平,从"我与自己、我与他人、我与社会"三个方面梳理出 30 条与幼儿生活息息相关的好习惯培养点,包括健康生活、快乐学习、文明交往、合作分享、爱国爱家、遵守公德等良好习惯,形成初步体系,获得专家一致认可。

2. 幼儿一日生活有条不紊

在教学活动中,在主题活动中,在大型表演舞台上,在社区服务的行动中,在公共场所,在家庭聚会中,幼儿多角度展现出了良好习惯培养在他们身上留下的印记。他们处处表现出爱运动、勤思考、守规则、懂礼貌、会合作等良好品质,已逐渐成为我园幼儿的群体特质。到我园参观交流的领导、老师,纷纷点赞我园孩子的良好素质,家长感叹孩子变了。

3. 教师指导能力的提升

一方面,教师团队经过多次专家指导,专题培训,深刻理解了幼儿园"好习惯 好人生"的办园理念,提高了指导能力。另一方面,参加过多次礼仪培训,更好地给幼儿做好榜样示范。此外,教师们积极研讨课题不断推进课题的研究,撰写好习惯主题论文,提高了科研能力。通过个案追踪,形成幼儿习惯培养案例研究。对幼儿的习惯培养中出现的问题进行梳理,并解决问题。时常分享交流培养幼儿良好习惯的途径,让每一个幼儿养成各方面良好习惯,为未来的发展打下基础。老师参加市级、区级各类比赛,均获得好成绩。

4. 幼儿园在不断发展

一是园本课程资源的开发,丰富了幼儿园的课程。二是我园制定了"小中大"三个学段的幼儿好习惯追踪手册,得到了广大家长的认可,也为幼儿园与家庭搭建了一座便于沟通的桥梁,更深入地去了解幼儿,更好地实现了家园共育。三是专家的多次指导,深化了我园"好习惯 好人生""让爱的文明温暖世界"的理念,不断在日常活动中进行实践论证。从"我与自己、我与他人、我与社会"三个方面已经初步构建出幼儿良好习惯培养体系,包括健康生活、快乐学习、文明交往、合作分享、爱国爱家、遵守公德等良好习惯。四是教师专业能力进一步提高,全园老师参与,编写了"拼玩"游戏系列教材,其中特别创编了以各项好习惯培养点为目标的59个绘本故事,即将出版。

通过课题的研究,我园在科学办园发展的道路上又前进了一步,跨上新的台阶,取得显著的效果。我园教师参赛多次获奖;创办卫生学校成功;连续五年获得幼儿园办园水平评价一等奖的好成绩;在"开学第一课""世界问候日""六一庆祝活动"等各项活动中,表现出我园师生积极向上的精神风貌,取得了良好的社会效应。多次被九龙新闻、重庆新闻联播等媒体播报。

相信在接下来的时间里,全园教职工会进一步把理论运用于实践,更好地帮助幼儿养成良好的习惯,幼儿园也会随着课题研究的不断深入,不断总结反思,让我园在科研兴园道路上越走越远。

附件 3

重庆市九龙坡区谢家湾幼儿园
2019—2024 年发展规划(试行稿)

　　谢家湾幼儿园站在更高的起点,寻求未来五年发展的问题点、突破点和发展点,围绕"文化强园、文化育人"的办园思想,运用"互联网+"的理念和思维,以"做细、做实、做新"为创新发展的对策,科学制定幼儿园未来五年发展规划,以促进谢家湾幼儿园在全市乃至全国具有一定的影响力。谢家湾幼儿园发展是学前教育在国家基础教育总体发展中的具体落实,更是园本文化育人,课程资源综合开发利用,形成新时期幼儿教育特色化、园本化、智慧化的要求。制定本园未来五年发展规划,是明确努力目标,整合教育资源,团结园内外课程育人力量,促进幼儿园面向现代化、面向社会、面向高质量办园的需要,也是让爱的文明温暖世界的任务驱动。

一、指导思想

　　幼儿园未来五年发展规划制定的指导思想是走中国特色的社会主义道路,以国家和市区关于幼儿教育新时期、新理念、新理论、新方法、新使命作为总体的原则要求,强化幼儿教育的"四化"建设:幼儿教育文化智慧灵性化、幼儿教育课程育人主题化、幼儿教育好习惯培养现代化、幼儿教育环境的数据化,努力达成幼儿教育"让爱的文明温暖世界"的愿景。

二、发展目标

　　幼儿园未来五年发展规划目标是从"四化"建设成效上展示幼儿园的育人成效。具体发展的总体目标是:在"好习惯　好人生"理念引领下,围绕"文化强园、文化育人"的办园思想,运用"互联网+"理念和思维,深化信息化,探索"名园+普惠园"发展的模式,充分借助互联网、手机 App、网络评价系统、同步课堂、视频会议等现代化载体,充分发挥信息化在促进教育教学、幼儿发展和集团化办园中的独特作用,实现幼儿园教育高位均衡发展和示范引领作用。

三、当前园情

从谢家湾小学剥离 5 年来,幼儿园完成并超越了第一个五年规划,取得了丰硕的成果。一是构建了幼儿园文化体系:设计了独有的园徽、园歌、园旗、吉祥物等,提出了"好习惯 好人生"的办园理念与"让智慧的灵性实现美好人生"的办园文化及"让爱的文明温暖世界"的办园愿景;二是根据实践与办园文化提炼出了"3S"小公民课程;三是营造了贴近生活、多元的环境文化,为幼儿发展提供更多空间;四是加快了教师文化的建设,实现了科研兴园,第一个五年申报的 3 个课题顺利结题,并出版"拼玩"游戏一系列教材,乐学善思的教师文化增强了团队凝聚力;五是通过幼儿园"好习惯"培养体系的实施,幼儿文化逐步显现,表现出阳光自信、文明有礼、善于思考、乐于表达的良好群体特质。幼儿园的发展赢得了良好的声誉和社会影响,连续五年被区教委评为办园水平一等奖和"好班子"荣誉称号,在各类比赛中获团体奖项 21 个,个人奖项 63 次。在全市经验交流 4 次,扩大了社会影响力。然而也存在园所文化需要不断浸润,教师专业水平存有差距,办园特色不够彰显,园所硬件需进一步提升等具体问题。

四、发展任务

1. 幼儿智慧教育文化灵性化

主要是环境智能化、课程智慧化、队伍科技化"三化"。

一是环境文化智能化。未来五年将积极挖掘幼儿园环境中蕴藏的价值,通过教师智慧,开发更多利于师生工作发展的保教环境以"好习惯好人生"的文化元素融入幼儿园的每一个角落。具体对策：一是结合幼儿园开发的 59 个好习惯"拼玩"游戏特色课程，做好环境的多维空间开发，让幼儿视角随时浸润好习惯的培养；二是各功能室逐步改建，在渗透幼儿园的文化元素的同时建设信息技术。如阅读坊使图书绘本进入云端，家长可以和孩子共读；布艺坊安装电脑，幼儿可以从网上学习与欣赏；陶泥坊安装电脑，孩子可以在网上销售自己的作品等；三是从净化、绿化、美化的角度，让幼儿园的环境更加精致优美。

二是课程文化智慧化。谢家湾幼儿园课程体系是"3S"小公民课程体系，细分为：主题课程、坊课程、"拼玩"游戏课程和小军人课程。未来五年，幼儿园将基于原有的课程实施方案，深入分析、挖掘、运用现有的课程资源，做好"3S"小公民课程评价体系手册，人手一本下发教师进行解读和运用，并逐年修改完善，不断帮助教师构建完整课程观意识，确保幼儿园课程实施的信息化、数据化、智慧化。

三是教师文化科技化。未来五年成立教师培训部，将谢家湾幼儿园的办园经验共享给其他需要的园所。幼儿园将以全员培训、推进式调研、分层培训、师徒结对等路径，实现线上学习、线上考试、线上互动等一站式互联网化新模式。做到和谐的"互联网+幼教"，帮助每一位教师找到适合自身发展的位置，帮助每一位教师评定职称，有效提升保教队伍专业素养。未来五年，计划培养区级骨干教师 3 名，市级骨干教师 2 名，国家级骨干教师 1 名。

2. 幼儿教育课程育人主题化

主要是"3S"小公民课程的落实。"3S"课程建设：会运动（Sport）、会学习（Study）、会生活（Survival）课程体系建设的目标是"3S"小公民课程的培养目标，更是"让爱的文明温暖世界"落实到课程育人之中。"让爱的文明温暖世界"，是办有爱的温暖、爱的向往的幼儿园；是把幼儿从小知道爱、从小珍惜爱作为幼儿素质教育的起点；是把爱的生存文明、认知文明、美好文明作为幼儿认知世界、感恩社会、走向明天的教育作为真正的幼儿教育。爱的文明温暖世界是坚持"协调、绿色、共享"的发展理念;是把爱作为人类社会的正能量,作为幼儿教育内容中的人与人、人与自然、人与未来交流的最有效的方式,从幼儿教育开始,点亮幼儿心灵深处的智慧;是把爱的文明作为课程育人的阳光,透过幼儿的眼睛、耳朵等去照亮其心灵。

3. 幼儿教育管理"7S"化

"互联网+教育"的时代到来,同时教育技术中的大数据正改变着"好习惯　好人生"的园本科学化管理。幼儿园依法依规办园,加强教育技术在园本管理中的优势发挥,努力营造智能化、数据化的校园,是谢家湾幼儿园未来科学管理的重要要求。"7S"管理的内涵,是在整理(Seiri)、整顿(Seiton)、清扫(Seiso)、清洁(Seiketsu)、素养(Shitsuke)、安全(Security)的基础上,加上法治要素的精细化管理。幼儿园将"行政管理、后勤工作、教育教学、班级常规、家园共育"五个方面融为一体,建立形成了"五位一体"特色的"7S"管理模式,使园所管理标准化、流程化、制度化。同时实施幼儿资料保管云端化,所有资料的保管将无纸化,所有档案及保教物品和素材纳入电子管理系统,全部电脑储存资料,单个电脑的保存资料通过网络上传到存储服务器上。加强外网建设,从方便家长网上报名、咨询、更及时了解幼儿园及幼儿的动态等方面重视数据的收集和储存。

4. 家园共育资源共享化

未来五年,谢家湾幼儿园在家园共育资源共享方面,将用大数据思维和信息技术手段,创新家园共育,开展线上和线下结合的家长课堂,定期以"网上课堂"的形式为家长开展幼儿教育知识视频;定期给家长传送孩子成长的视频;开展家长助教活动;创新开发家长网络评价活动;申报《谢家湾幼儿园家园共育实践研究》课题进行研究。同时共享发展,开发云端管理,辐射引领十几所普惠幼儿园发展。幼儿园将安装直播系统平台,全面构建资源辐射共享平台,构建空中"云"上交流平台,实现网络园本教研的现代化和会议的常态化,真正实现区域间优质学前教育资源的辐射共享和城乡教育高位均衡发展。

五、发展途径

1. 抓住举措

一是政策举措。依据"深化改革意见"中关于"健全学前教育政策保障体系",政府是发展幼儿教育的责任主体,要利用政策杠杆,获取政策"红利",为普及普惠安全优质的学前教育发展提供强有力的政策保障体系。二是教师举措。幼儿教育的深化,需要加快幼儿教师队伍的建设,要着力提高幼儿教师热爱幼儿教育事业、教书育人、为人师表、敬业爱生、献身教育事业的整体素质,建立教师考核和表彰制度,加大幼儿园人事制度和分配制度的改革力度。三是课程改革举措。深化幼儿教育的课程改革,必须立足于课程育人,要把"普及普惠""安全优质"作为课程建设的总体要求,以全面贯彻党的教育方针,遵循学前教育规律为课程建设的总体内容,形成具有健康教育理念的主题课程,活动课程和特色课程。四是管理举措。要依据"学前教育国十条"和"深化改革意见",改善幼儿教育管理,从优质安全的标准上制定完善幼儿园管理规章制度,着力于园本文化建设。五是教育技术举措。对幼儿教育的新技术、新理论、新方法,要尽力而为,充分发挥科学技术对于幼儿教育的生产力作用。

2. 划分阶段

主要分为三个阶段:2019—2020 年为第一个阶段,是对未来发展的论证及科学方案制定的阶段,本阶段一是全面分析幼儿教育的新形势、新目标、新要求,把握时代发展对幼儿教育的总体发展趋向;二是系统分析"好习惯 好人生"的育人优势与存在的相关问题,特别是课程与课堂的具体问题,教师素质的问题,"7S"管理机制的建立完善问题等。2021—2022 年为第二个阶段,是对于未来发展准备条件,初步实践总结经验的阶段,本阶段一是争取更多的投入,从育人的条件和育人的课程上,提高教育信息化、教育智慧化的水平,用大数据改善幼儿教育教学、质量管理的能力;二是引进先进的教育理论、教育研究项目,加大对于"好习惯 好人生"的基础研究,尽快形成"好习惯 好人生"的最早最有用的研究成果,把研究成果转变化为具体的幼儿园办园条件;三是在智慧灵性文化和"3S"小公民课程体系建设上,利用园本教研、园本课程、园本章程建设、园本学术活动等,进行初期的实践,聘请园外专家指导,总结未来发展的好经验、好举措。2023—2024 年为第三个阶段,是对于"好习惯 好人生"全面实践,全面总结,出优质高效的成果阶段,本阶段一是要求有理性认识的提升,要出版专著与发表多项"好习惯 好人生"的研究论文,要有对外宣传交流的经验报告;二是教师队伍及管理队伍具有较高水平的"好习惯 好人生"育人素质与管理能力,整体形象适应新的幼儿园办园质量与办园的对外形象;三是特色文化与品质课堂有好的内容、好的示范、好的评价、好的效果。智慧灵性文化之灵,"3S"小公民课程之质成为区内外同行的一流幼儿园。

3. 分步实施

谢家湾幼儿园主张主动发展、优质发展和有效发展,因此未来发展分为六个步骤:第一步是强调全面的质量管理,谢家湾幼儿园的质量就是两个方面:一是"好习惯 好人生"主题的突出,文化育人特色的彰显;二是幼儿园的优质与安全得到有效的保证。第二步是重视聚焦"3S"小公民课程与课堂,教师队伍的建设和幼儿"好习惯 好人生"的活动开展,需要把课程与课堂作为主要的载体,对于教师的能力与素质的评价,对于幼儿成长的主要指标的制定,需要通过课程与课堂去实践检验。第三步是对幼儿教育的思考,有在众多的教育原理与方法中,建构起幼儿"好习惯 好人生"培养的可行性、创新性、针对性强的教育原理与方法体系。第四步是采用项目管理,任务驱动式的激励机制。对于骨干教师队伍,对于研究型教师的培养,对于幼儿教育学术水平的提高有示范作用的教师,都可以采用这样的激励机制。第五步是优化幼儿园的育人环境,加大数据化、信息化、智能化育人环境的投入,努力在幼儿园的安全优质现代化发展基础上抢占制高点。第六步是扩大交流与寻求合作共同体,把谢家湾幼儿园"好习惯 好人生"的做法与经验推广到更多的幼儿园,产生集团与规模效果。

六、具体安排

①2019—2020年:环境文化渗透、强化信息技术、牵手普惠共发展等工作。

②2021—2022年:教师人人做小课题、尝试"7S"管理智能化、探索名园+普惠园发展的模式,形成集团化办园等工作。

③2023—2024年:建立名师培训团队,形成"7S"管理智能化的完善机制等。

重庆市九龙坡区谢家湾幼儿园

2018年9月10日

幼儿教育需要走向现代化

——《好习惯 好人生》读后思考

　　谢家湾幼儿园作为九龙坡区的一所公办幼儿园,继承了谢家湾小学"六年影响一生"的校园主题文化的传统。建园至今虽然时间不长,但因为"好习惯 好人生"的先进办园理念,因为园本教研科研的着力点放到了如何理性思考与践行"好习惯 好人生"的落实上,因此才有今天这样的研究成果呈现。

　　新时期党的教育方针是要全面实施素质教育,落实立德树人根本任务。幼儿教育是基础教育中的基础,幼儿的好习惯培养更是具有影响一生的教育价值和教育意义。在多年的小学教育认识与实践中,作为区教师进修学院分管副院长,对于谢家湾幼儿园的发展有一种见证,同时更对于培养幼儿好习惯的理念、实践和取得的成绩有一种认同,因此在幼儿园邀请我为其研究成果写点内容时,我欣然同意了。

　　首先,从认同上讲,素质教育需要从幼儿抓起。多年前邓小平同志讲教育信息化时说要从娃娃抓起,现在讲立德树人,要求从小针对人发展的核心素养,也就是必备品格和关键能力上加强对于人的素质教育。幼儿时期具有最大的可塑性,幼儿教育是最具有基础性的素质教育,所以,从小注重培养好习惯,是素质教育落实的具体化与最优的对策之一。其次,从希望上讲,幼儿教育的深化改革出路在于依据幼儿的身心发展,立足于幼儿的基础教育,细化相关的课程内容,规范幼儿的日常行为,引导幼儿教育的科学化、信息化、大数据化发展。而要落实其发展,幼儿园的园本"三课"(课程、课堂、课题)自然要高度重视从幼儿的好习惯培养做起。

　　幼儿的发展总体上是人的基础性发展,根据现代科学研究,特别是教育心理学的研究，人的基础性发展，一是语言与思维的发展，幼儿时期是人的语言发展的关键时期，也是其表象思维活动发展的重要时期。所以，在幼儿教育阶段，加强语言教育教学，重视直观形象的教学方式，引进信息技术成为幼儿园办园的重要责任，承担好培养幼儿的语言与形象思维的责任。二是动手的技能水平提高，人的劳动主要体现在手的技能水平提高，动手是幼儿园教育教学最重视的"三课"内容。目前来看，在幼儿教育阶段对儿童的动手能力培养普遍重视不够的情况下，谢家湾幼儿园能从好习惯的培养上加强动手能力的培养，其思考与做法都是值得肯定的。

国家要求幼儿园必须规范办园，但目前社会上幼儿园发展良莠不齐，在课程、主题活动及相关管理方面还存在一些问题。幼儿园的规范办园，不仅是规范课程、办园条件、教师从业素质等，更重要的是幼儿发展规范和幼儿教育立德树人任务完成的规范。初步阅读《好习惯 好人生》一书的成果内容，感受较深的两点在于：一是谢家湾幼儿园对于幼儿教育的理解到位，对于幼儿园的立德树人、好习惯培养的系列做法到位。二是在幼儿教育课程开设上，虽然说幼儿教育总体上不能课程化，但谢家湾幼儿园在游戏化课程的设计与实践基础上，确保了幼儿好习惯培养的有效与高效。

"互联网+"势在必行，谢家湾幼儿园地处主城区中心地带，信息化水平必然成为关注的焦点，传承好的幼儿教育经验重要，但提高信息化水平，成为"互联网+"幼儿教育的先行者更为重要与紧迫。相信谢家湾幼儿园在"互联网+"时代的引领下发展得更好！

诚挚地祝贺《好习惯 好人生》一书公开出版。

重庆市九龙坡区教师进修学院 江涛
2019 年 5 月于杨家坪